次世代の教育原理

中田正浩
松田智子 編著

大学教育出版

まえがき

　本書は、2011(平成23)年度に小学校を始めとし、中学校（平成24年度）、高等学校（平成25年度）と順次完全実視される新学習指導要領の意図を十分にくみ取りながら、教職科目「教育原理」を学ぶ学部生及び通信課程で学ぶ学生向けに教育の基本の入門書として、環太平洋大学の実務家教員等で執筆・編集されたものである。

　21世紀を迎えて、早や10年以上が経過しようとしている。教育を取り巻く環境は、依然として厳しいものがある。教育現場では、学力低下、不登校、学級崩壊、いじめなどの学校教育上の問題が生起している。このまえがきを記述している時期に滋賀県大津市でいじめを苦にした中学生の自殺事件で、被害者の両親が2012(平成24)年2月に市やいじめをしたとされる同級生3人と保護者を相手取り損害賠償を求めて地裁に提訴するという不幸な事件が明らかにされた。このような不幸な事件が二度と起こらないように、教職を目指す学生に教育の基礎・基本的な知識と教養をぜひとも身につけてほしい。

　さて、「教育原理」を手元の広辞苑で引いてみると、「教育方法・教育課程などを含む教育の一般原理」とあり、引き続き「教育の概論・通論」とある。その「教育原理」は、本学の学生にとって科目名を聞くだけで、拒否反応を示すほど苦手な教科であることは噂に聞いていたが2011年度に「教育原理」を担当して、予想よりも酷いものであることを知った。

　そこで、筆者自身が大学生時代に使用した、石山脩平著『教育原理要論』(金子書房)を引っ張り出してきて、もう一度読み直してみた。お恥ずかしいながら筆者の大学時代に、この本の内容を十分に理解していたのだろうか。今だから（教職経験37年）こそ理解することができたような気がする。

　なぜ本書を執筆するに至ったのか。それは過去4年間「教育原理」を担当されていた教員が退職され、筆者が急遽担当することになったからである。筆者自身も、「教職入門」は4年間担当し、それなりに著書もあるのだが、「教育原

理」の担当は初めてのことで、夏休みも「教育原理」づけの生活であった。

　そこで、講義で使用する教科書を探すべく、「教育原理」の書籍を求めて書店に赴いた。しかし、どの書籍も教育学では著名な先生が執筆しておられて、書かれている内容が立派すぎて、本学の学生には不向きであると感じた。

　しかし、教務課からは、早く使用すべき教科書の名称・出版社・価格等を知らせるようにとメールでせっつかれたので、あわてて1冊を選び後期から講義を進めていった。だが、しっくりこないことが1～2回の講義で把握できたので、教科書の内容を分かりやすい言葉に直し、パワーポイントとレジュメを作成し講義に臨んだ。

　1年が経過した2012年春、本学の学生に適した「教育原理」の教科書を本学の教員で執筆することにした。本書は、次のような点に配慮した。大学の1年次に教職課程を受講する学生が「教職入門」と同様に最初に学ぶ科目でもあるので、各章の初めには要約を、各章末には学習課題と参考文献を設定することとした。内容はできる限り平易な言葉で具体的に執筆することを、各執筆者にお願いをした。

　本書における執筆者一同は、小学校・中学校・高等学校で教諭・管理職［教頭・校長］・教育行政等で、教育実践を積み重ねてきた実務家教員である。また執筆者の大半が、環太平洋大学次世代教育学部・体育学部において教員養成に携わっているものであり、本書が教員を志す学生にとって指標となりうることを願っている。しかし、執筆及び校正段階で時間がなく、至らぬ点が多々あると思うので、ご叱声とご教示をお願いする次第である。

　最後になりましたが、大学教育出版・編集部の安田愛氏には、本書の企画や編集および編著者としては2冊目の経験しかない筆者をさりげなく、書き終えるところまで優しく見守って頂いたことに感謝あるのみである。

　最後に、各執筆者のご協力と励ましがなければ、本書が刊行に至ることは難しかった。この場を借りて感謝の意を伝えたい。

平成24年7月吉日

IPU環太平洋大学研究室にて

中田　正浩

次世代の教育原理

目　次

まえがき……………………………………………………中田正浩　i

第1章　教育の基本原理……………………………………中田正浩　1
　　1．教育という語の意味　2
　　2．教育の語源　3
　　3．教育の段階的な側面　4
　　4．教育の目的　5
　　5．学校教育法と学校教育法の目標　7
　　おわりに　11

第2章　西洋の教育思想……………………………中田正浩・中田浩司　13
　　1．古代ギリシャの教育思想　14
　　2．古代ローマの教育　17
　　3．中世の教育　18
　　4．ルネサンス期　20
　　5．17世紀の教育思想（コメニウス・ロック）　21
　　6．18世紀の教育思想（ルソー・ペスタロッチ）　22
　　7．19世紀から20世紀にかけて
　　　　（ヘルバルト・フレーベル・モンテッソーリ・デューイ）　24
　　おわりに　26

第3章　日本の教育思想……………………………………松田智子　29
　　1．古代から近世の教育思想　30
　　2．近代教育の始まり　35
　　3．民主的教育制度の確立とその後の教育　41

第4章　日本の教育行政……………………………………中田正浩　45
　　1．教育行政の意味・目的　46
　　2．教育行政組織の変遷　47
　　3．教育財政制度　55
　　4．今後の教育行政の在り方　59

目次　v

第5章　教育課程と教育方法 ……………………………鎌田首治朗　63
　1．教育課程の意義　*64*
　2．日本の教育課程と現行学習指導要領　*65*
　3．教育課程の編成　*66*
　4．教育評価への正しい理解　*69*
　5．今、求められている授業のあり方　*75*
　6．児童・生徒理解　*80*

第6章　生徒指導と教育相談 …………………………………住本克彦　83
　1．生徒指導と教育相談の関係　*84*
　2．これからの生徒指導　*85*
　3．教育に活かす開発的カウンセリング技法
　　　──構成的グループエンカウンター──　*90*

第7章　キャリア教育とは ……………………………………岡野聡子　101
　1．キャリア教育とは　*102*
　2．キャリア教育の変遷　*104*
　3．キャリア教育で育成すべき力とは何か　*106*
　4．小学校・中学校・高等学校で取り組むキャリア教育とは　*110*
　5．今後のキャリア教育における課題　*116*

第8章　教師の仕事 ……………………………………………松田智子　119
　1．教師とは何か　*120*
　2．教師の養成　*121*
　3．教員の採用　*122*
　4．教師の研修　*123*
　5．免許更新制　*127*
　6．求められる教師像　*128*
　7．教師としての人間力　*132*

第9章　学校の経営組織 ………………………………………久田　孝　135
　1．組織としての学校　*136*
　2．学年経営　*140*
　3．学級経営　*142*

4．校務分掌　*145*
　　5．PTAと地域社会　*149*
　　6．地域社会との関係　*151*
　　7．職員会議　*152*

事項索引 …………………………………………………………… *154*
人名索引 …………………………………………………………… *157*

第1章

教育の基本原理

︙

　21世紀を迎えて、はや10年以上が経過しようとしている。教育を取り巻く環境は、依然として厳しい。教育現場では、学力の低下、不登校、いじめ、またいじめを苦にした生徒の自殺事件、学級崩壊が起きている。教員に関しては、指導力不足教員、不祥事を起こす教員など、枚挙にいとまがないほど、問題は山積みである。

　このような激動する教育界において、次世代の社会の担い手として、自律的に問題解決ができる子ども、将来、地球的な視野から持続可能な社会の発展へと貢献することが出来る子どもを養成する教育者、指導者の育成が喫緊の課題である。将来教員を目指さんとする読者は、上記のような崇高な使命を持ち、そのような人材として活躍する日に向けて頑張っていただきたい。

それでは、本題に入ろう。「教育の基本原理」と題された本章においては、次の二つのテーマにしぼって論じていくこととする。まず、前半においては、「教育とは何か」という問題について、そして後半では「教育の目的」について論じる。

　まず、前者、つまり「教育とは何か」という問いは、きわめて難しい問いであり、またその問いの答えは、ベストなものがない。その問いが問われる時代や場所によって答えも変わる相対的なものである。だからと言って、考えることを放棄してはならない。教員を目指す者、また教育に携わる者にとって、この問いは不可避のものであり、常に問う必要がある。すぐに答えは出なくとも、また自らの思う教育が他の人の意見と異なっていても全く構わない。各人がそれぞれの答えを見いだしてほしい。そして教員になる前からこのような問いを常に考えていただきたい。

　さて、先ほど「教育とは何か」という問題についてベストな答えはないと述べた。したがって以下に示す文章ももちろんベストなものではないが、ここに示すのは、筆者の個人的な教育論や教育観ではない。本章では、前半部では教育学的な知見から教育がどのような意味を持つのかということを紹介するにとどめる。後半部に記す「教育の目的・目標」については、法規からの説明となる。それでは考察を始めていこう。

1．教育という語の意味

　教育とは何かということを考えるにあたって、まずその語の意味を確認してみよう。手元にある『広辞苑』には「人間に他から意図を持って働きかけ、望ましい姿に変化させ、価値を実現させる活動」とあるが、それだけでは、わかったようでなかなかわからない。次に、『大辞泉』を引いてみると、「ある人間を望ましい姿に変化させるために、心身両面にわたって、意図的、計画的に働きかけること。知識の啓発、技能の教授、人間性の涵養などを図り、その人の持つ能力を伸ばそうと試みること」とある。そして二つめの意味として、「学校教育によって身につけた成果」というのがあり、教育の類義語として、

訓育、薫育、教化、教授などがあげられている。

さしあたっては、教育とは、辞書的な意味では、「第三者が、ある人物に対して知識を与え、技能を教え、人間としてあるべき姿へ形成していこうとする一連の活動」と解釈できるであろう。

2．教育の語源

ところで、この教育という言葉は、いつから使われるようになったのだろうか。またどのような語源を持つ言葉なのであろうか。その語の歴史を確認してみよう。教育という言葉の出典は、孟子の「得天下英才、而教育之」（天下の英才を得て、これを教育する）にある。しかし、この語の使用頻度は低く、実際に、教育という言葉が使われ始めるようになったのは、江戸時代の末期からであり、educationという語の翻訳語としてである。蕃書調所という洋学の研究、外国文書の翻訳等を主たる業務としていた役所の箕作麟祥という人物が、その訳語を当てたとされる。明治期になると、1879（明治12）年「教育令」という法律が出され、1890（明治23）年には、いわゆる「教育勅語」が発布され、教育という言葉は広く普及していくこととなるが、ここで、この教育という訳語の原語であるeducationという語を考察してみよう。手始めに、英語のeducationを手元にある『オックスフォード現代英英辞典』（第7版）をひいてみると次のような記述を見いだすことができる。

① とりわけ学校や大学における、知識を増やし、技術を発展させるための教授訓練、学習の過程
② 教授や訓練
③ 教授や訓練に関わる制度や人々
④ 教育法を扱う研究（＝教育学）

これは現代のわれわれが使っている「教育」という用語の説明として過不足はない。知識を伝達し、教授し、訓練させることが教育なのである。ところで、このeducationという言葉は、もともと「養う、育てる、大きくする」という意味を表すラテン語のeducareという言葉に由来する。つまり植物を栽培し、

あるいは動物を飼育し、養い、大きくしていくことがその語源であった。やがてこの言葉は、人間にも適用されるようになり、子どもを「大きくする」「養う」「育てる」という意味に用いられていったのである。したがってeducationは教育という言葉の原義はまず、「養育すること」であるといえる。ついで、educareというラテン語の派生語として、educereつまり、「引き出す」という意味を持つ言葉もあるが、この語もeducareと同様educationの語源でもある。つまり、educationという語は、「養育する」という意味を表す言葉と、「引き出す」という意味の言葉が派生してできた言葉である。このような語源の考察から、教育の原初的な意味として、次のような定義ができるであろう。つまり、この世に生まれてきた新生児としての子どもを身体的に、また精神的に世話をし、その発育を助けるということ、また子どもの素質や可能性を引き出し、発揮させるということである。

3．教育の段階的な側面

しかしながら、教育とはこのような子どもの内部にある生命力や素質、そして可能性を養ったり引き出したり、あるいは端的に育てるだけにはとどまらないのである。人間は社会的な動物であり、社会的・文化的生活を営まなければならない。したがって、教育には必然的に、人間を社会化し、文化やそこに内在する価値を伝達していくことも求められる。つまり、単なる養育に留まらない教育が必要となってくるのだ。具体的には、子どもが社会の成員として、自律的な主体となるためには、コミュニケーションのための言語を習得し、社会生活の行動や方法また規範を覚えていくこと、人間関係を円滑なものにするための礼儀作法や道徳、日常生活や労働生活において必須となってくる知識や技術など多くのことを学ばなければならない。別様に言えば、子どもを社会化し、文化を伝達していくためには、親がしつけをし、教え、訓練する必要があるのだ。これが教育のもう一つの側面である。

そして、最後に、子どもは、親によって教育されるのみではない。学校へと進む。そこでは、教師から体系化された知や技術を教えられることになるが、

この段階において、教育の中心的な形式である教授が成立するのだ。

このように、教育とは、養育すること、社会化し、しつけをすること、知識や技術を教授することという多義的な概念であり、それらを総括する語として広義に用いられるのである。

4．教育の目的

教育とはいったい、何のためになされるのか。この問題も非常に難しい問題で、おそらくベストな答えがでるものではなく、多様な答えが出てくるだろう。そして、教育の目的や目標は時代や場所が異なれば、必然的に変わってくるだろう。

ところで、教育の目的や目標というのは、我が国においては法律において定められている。それは「教育基本法」や「学校教育法」という法律においてである。

ここでは、まずこれらの法律が成立した経緯を示そう。我が国は戦後占領軍の政策によって軍国主義教育の否定、教育勅語が廃止され、日本国憲法の平和主義、基本的人権の尊重、国民主権といった理念に合致した教育政策を計画されることとなった。1947(昭和22)年3月、アメリカ教育使節団および日本の教育刷新委員会が中心となって「教育基本法」および「学校教育法」を制定した。後者に関しては、これに基づき、戦後の新学制を成立した。また、前者については2006(平成18)年には、科学技術、情報化、国際化、少子高齢化といった現代社会を取り巻く様々な問題に対応するために、旧法を改正し、公布、施行した。法律では珍しく前文を有しているこの「教育基本法」は、教育法令の基礎である原理的規定を設けていると同時に、戦後の教育の指導原理、理念、目的を定めており、教育憲法、教育憲章とも呼ばれている。前文には、以下のようにある。

> 我々日本国民は、たゆまぬ努力によって築いてきた民主的で文化的な国家をさらに発展させるとともに、世界の平和と人類の福祉の向上に貢献することを願うものである。我々は、この理想を実現するため、個人の尊厳を重んじ、真理と正義を希

求し、公共の精神を尊び、豊かな人間性と創造性を備えた人間の育成を期するとともに、伝統を継承し、新しい文化の創造を目指す教育を推進する。ここに、我々は、日本国憲法の精神にのっとり、我が国の未来を切り拓く教育の基本を確立し、その振興を図るため、この法律を制定する。

我が国の教育とそこで社会を形成する人間の育成は、なによりも日本国憲法の精神にのっとって行われなければならないということが示されている。そして、この法律の第1条には、次のような条文がある。

> 第4条　教育は、人格の完成を目指し、平和で民主的な国家及び社会の形成者として必要な資質を備えた心身ともに健康な国民の育成を期して行わなければならない。

つまり、我が国の教育の目的とは、人格の完成を目指す、つまり人間性を陶冶していくこと、そして日本国憲法にも定められた民主的な国家を形成する主権者として、心身ともに健康である国民を育成していくことにあると法律で規定されているのである。さらに、「日本国憲法」で明言されている「平和を愛する」また「平和を維持する」という我々の使命を、教育において具現化しなければならないということが主張されている。これはもちろん、悲惨な戦争を経て、過去への反省と未来への決意から生まれてきたものであるということは言うまでもない。次いで、この法律では、教育の目的を実現するための目標が記される。

> 第2条　教育は、その目的を実現するため、学問の自由を尊重しつつ、次に掲げる目標を達成するよう行われるものとする。
> 一　幅広い知識と教養を身に付け、真理を求める態度を養い、豊かな情操と道徳心を培うとともに、健やかな身体を養うこと。
> 二　個人の価値を尊重して、その能力を伸ばし、創造性を培い、自主及び自立の精神を養うとともに、職業生活との関連を重視し、勤労を重んずる態度を養うこと
> 三　正義と責任、男女の平等、自他の敬愛と協力を重んずるとともに、公共の精神に基づき、主体的に社会の形成に参画し、その発展に寄与する態度を養うこと。
> 四　生命を尊び、自然を大切にし、環境の保全に寄与する態度を養うこと。
> 五　伝統と文化を尊重し、それらをはぐくんできた我が国と郷土を愛するとともに、他国を尊重し、国際社会の平和と発展に寄与する態度を養うこと。

教育の目標として、幅の広い知識や教養を獲得し、真理を求める、つまり学問を愛し、知的に発展すること、またこれが人格の完成に直接関係していることは言うまでもない。また、個人の価値を尊重するとともに他者の価値をも尊重すること、そして平等な社会を構築していくこと、さらに勤労を通して社会に貢献し、我が国の発展のみならず他国の発展と国際社会に貢献する態度を慣用していくことが教育の目標なのである。日本の学校教育は、原則的に法律の枠内で運営されるべきであるが、一方でその内容、方向性は時代の進展や変化、社会のありかたに伴って、中央教育審議会において検討されている。顕現する理念と、実際学校教育の現場でなされている実践が、合致しているとは言い難いがそれでもやはり、教育に従事する者、また教職を志す者はこの理念を忘れることなく、日々の実践に努めていくことが求められるであろう。

5．学校教育法と学校教育法の目標

さて、先に見た、「教育基本法」においては「人格の完成」や「平和で民主的な社会の構築」に主眼が置かれていたが、「初等」「中等」「高等」といった心身の発達段階を考慮に入れて、「学校教育法」が定められている。そして、そこでは、幼稚園、小学校、中学校、高等学校、中等教育学校などの各学校の階梯における具体的な教育目的や目標を定めている。また、目的や目標を前提に、学校教育の中でどのような能力を具体的に養成していくべきかを述べたものが、小中高それぞれの「学習指導要領」であり、幼稚園では「幼稚園教育要領」である。なお、幼稚園の新教育要領は、2009（平成21）年度より、「学習指導要領」については、小学校は2011（平成23）年度より、中学校は2012（平成24）年度より、高等学校は、2013（平成25）年度入学生から（数学及び理科は2012（平成24）年度入学生から）それぞれ改訂されている、もしくは改訂される予定である。「学校教育法」における各学校の教育目的・目標は次の通りである。

　第22条　幼稚園は、義務教育及びその後の教育の基礎を培うものとして、幼児を保育し、幼児の健やかな成長のために適当な環境を与えて、その心身の発達を助長することを目的とする。

第29条　小学校は、心身の発達に応じて、義務教育として行われる普通教育のうち基礎的なものを施すことを目的とする。
第45条　中学校は、小学校における教育の基礎の上に、心身の発達に応じて、義務教育として行われる普通教育を施すことを目的とする。
第50条　高等学校は、中学校における教育の基礎の上に、心身の発達及び進路に応じて、高度な普通教育及び専門教育を施すことを目的とする。

これらは、一つの到達点であり、この目的が達成されるために、心身の発達に応じて、体系的な教育が組織的に行われなければならない。また、上述のような目的を達成するために、各学校園の目標が示される。幼稚園から高校までを以下に示す。

幼稚園
一　健康、安全で幸福な生活のために必要な基本的な習慣を養い、身体諸機能の調和的発達を図ること。
二　集団生活を通じて、喜んでこれに参加する態度を養うとともに家族や身近な人への信頼感を深め、自主、自律及び協同の精神並びに規範意識の芽生えを養うこと。
三　身近な社会生活、生命及び自然に対する興味を養い、それらに対する正しい理解と態度及び思考力の芽生えを養うこと。
四　日常の会話や、絵本、童話等に親しむことを通じて、言葉の使い方を正しく導くとともに、相手の話を理解しようとする態度を養うこと。
五　音楽、身体による表現、造形等に親しむことを通じて、豊かな感性と表現力の芽生えを養うこと。

幼稚園においては、健康で安全な生活を送り、日常の生活習慣を身につけること、そして集団的な生活を通して社会性を身につけること、言語、音楽、絵画制作といったそれぞれの活動を通して、感性や表現力を習得することが望まれる。

続いて義務教育である小学校、中学校を見るが、それぞれの内容を示した条文の中で出てくる第21条の条文とは、学校教育法2章義務教育第21条であり、義務教育として行われる普通教育の目標を記しているものである。こちらを先に示したのちに、小学校、中学校それぞれの教育目標を示す。

第21条
一 学校内外における社会的活動を促進し、自主、自律及び協同の精神、規範意識、公正な判断力並びに公共の精神に基づき主体的に社会の形成に参画し、その発展に寄与する態度を養うこと。
二 学校内外における自然体験活動を促進し、生命及び自然を尊重する精神並びに環境の保全に寄与する態度を養うこと。
三 我が国と郷土の現状と歴史について、正しい理解に導き、伝統と文化を尊重し、それらをはぐくんできた我が国と郷土を愛する態度を養うとともに、進んで外国の文化の理解を通じて、他国を尊重し、国際社会の平和と発展に寄与する態度を養うこと。
四 家族と家庭の役割、生活に必要な衣、食、住、情報、産業その他の事項について基礎的な理解と技能を養うこと。
五 読書に親しませ、生活に必要な国語を正しく理解し、使用する基礎的な能力を養うこと。
六 生活に必要な数量的な関係を正しく理解し、処理する基礎的な能力を養うこと。
七 生活にかかわる自然現象について、観察及び実験を通じて、科学的に理解し、処理する基礎的な能力を養うこと。
八 健康、安全で幸福な生活のために必要な習慣を養うとともに、運動を通じて体力を養い、心身の調和的発達を図ること。
九 生活を明るく豊かにする音楽、美術、文芸その他の芸術について基礎的な理解と技能を養うこと。
十 職業についての基礎的な知識と技能、勤労を重んずる態度及び個性に応じて将来の進路を選択する能力を養うこと。

小学校
第29条 小学校は、心身の発達に応じて、義務教育として行われる普通教育のうち基礎的なものを施すことを目的とする。
第30条 小学校における教育は、前条に規定する目的を実現するために必要な程度において第二十一条各号に掲げる目標を達成するよう行われるものとする。
第30条2項 生涯にわたり学習する基盤が培われるよう、基礎的な知識及び技能を習得させるとともに、これらを活用して課題を解決するために必要な思考力、判断力、表現力その他の能力をはぐくみ、主体的に学習に取り組む態度を養うことに、特に意を用いなければならない。
第31条 小学校においては、前条第一項の規定による目標の達成に資するよう、教育指導を行うに当たり、児童の体験的な学習活動、特にボランティア活動など社会奉仕体験活動、自然体験活動その他の体験活動の充実に努めるも

のとする。この場合において、社会教育関係団体その他の関係団体及び関係機関との連携に十分配慮しなければならない。

中学校
第45条　中学校は、小学校における教育の基礎の上に、心身の発達に応じて、義務教育として行われる普通教育を施すことを目的とする。
第46条　中学校における教育は、前条に規定する目的を実現するため、第二十一条各号に掲げる目標を達成するよう行われるものとする。

　義務教育においては、教育は、学校教育基本法第21条に掲げられているもろもろの目標を具現化するために行われなければならない。特に、学校内外での生活を通して、社会性を身につけるということ、および自律的な主体として、判断力、公共精神を身につけ、民主的で平和で平等な社会の構築に寄与することが求められるのである。また、社会生活の基本を身につけること、数的、言語的理解度を向上させること、そして、勤労の重要性を理解することが目標とされる。

高等学校
第50条　高等学校は、中学校における教育の基礎の上に、心身の発達及び進路に応じて、高度な普通教育及び専門教育を施すことを目的とする。
第51条　高等学校における教育は、前条に規定する目的を実現するため、次に掲げる目標を達成するよう行われるものとする。
一　義務教育として行われる普通教育の成果を更に発展拡充させて、豊かな人間性、創造性及び健やかな身体を養い、国家及び社会の形成者として必要な資質を養うこと。
二　社会において果たさなければならない使命の自覚に基づき、個性に応じて将来の進路を決定させ、一般的な教養を高め、専門的な知識、技術及び技能を習得させること。
三　個性の確立に努めるとともに、社会について、広く深い理解と健全な批判力を養い、社会の発展に寄与する態度を養うこと。

　高等学校は、義務教育においてそれまで培ってきた能力、資質を一層深化させる時期である。自らの教養を高めるとともに社会一般について広範な知識を

持つということ、また健全な批判力を養い、社会へと貢献するよう育成されるべきなのである。

このように各学校園においては、教育の目的や目標が、法律によって定められてはいる。しかしながら、実際の教育現場において実践されているものとは乖離があるだろう。また近年の学力調査によれば、言語の運用能力や知識の活用など達成状況に課題はみられる。そして、学習指導要領の改訂に伴い、それに応じた学校教育がなされなければならない。

　おわりに

冒頭にも述べたが、現在、我が国の教育をめぐる環境は非常に厳しい。とりわけ、学校現場においては、学力の低下、学級崩壊、いじめ。教員の逸脱行為や不祥事、学校に理不尽な要求を突き付けてくるモンスターペアレンツなど、あるいは、家庭における教育的機能の不全など解決すべき問題は山ほどある。

このような時代において、将来教育の現場で教師として活躍するであろう読者諸君には、「教育者としての使命感、人間の成長についての深い理解、幼児・児童・生徒に対する教育的愛情、教化等に関する専門的知識、広く豊かな教養、そしてこれらを基盤とした実践的指導力」（1987（昭和62）年「教員の資質能力の向上方策などについて」）が求められる。そして同時に、「今後特に教員に求められる資質能力」として、

① 地球的視野に立って行動するための資質能力
　・地球、国家、人間等に関する適切な理解
　・豊かな人間性
　・国際社会で生きる社会人に求められる資質能力
② 変化の時代を生きる社会人に求められる資質能力
　・課題解決能力に適応するための知識及び技能
　・人間関係にかかわるもの
　・社会の変化に適応するための知識及び技能
③ 教員の職務から必然的に求められる資質能力

・幼児・児童・生徒や教育の在り方に関する適切な理解
　・教職に対する愛着、誇り、一体感
　・教科指導、生徒指導等のための知識、技能および態度

が求められる。このように、教員には多様な資質や能力が求められ、教員一人ひとりが、これらについて最低限必要な知識や技術を備えることが不可欠である。教員の資質や能力は、それぞれの職務、専門分野、適性、興味、関心等に応じ生涯にわたってその向上が図られる必要がある。

　1998年に行われたサッカーワールドカップで、フランス代表を優勝に導いたコーチ、ロジェ・ルメールは次のように述べている。「学ぶことをやめたときに、教えることをやめなければならない」。これから教師として活躍していく読者諸君は、常に学ぶことを忘れないでほしい。

　学習課題

（1）自らが教師として理想と思う教育について考えてみよう。また友人、教員とそれについて語り合おう。
（2）「教育基本法」「学校教育法」といった法律から、どのような教育が目的とされるのか、また各学校園の教育目標はなにかをまとめよう。

【参考文献】
中田正浩著『事件から見た教職員の不祥事防止　教育現場に求められるこころと品格』大学教育出版　2008
中田正浩編著『次世代の教職入門』大学教育出版　2011
広岡義之編著『新しい教育原理』ミネルヴァ書房　2011
教職問題研究会編『教職論　第2版　教員を志すすべてのひとへ』ミネルヴァ書房　2009
教育に関する法律計画は、文部科学省のサイト　http://www.mext.go.jp/a_menu/01_a.htm

第2章

西洋の教育思想

︙

　本章においては、古代から現代に至るまでの西洋の教育思想について論じる。紙面の都合上、また教員養成を目的とした教科書のなかの「西洋教育思想史」という一端を担っている本章では、それを網羅的に、そしてその詳細について徹底的に論じることは不可能である。このような制約から、本章では、各自治体（都道府県教育委員会・政令指定都市教育委員会）の教員採用試験やその出題傾向を踏まえながら、教員養成においてその認識が必要不可欠とされる教育思想家とその主要な思想を簡潔に紹介していくことに徹した。したがって、本章の記述だけでは物足りなければ、また本章での学習を通じて関心を持った教育思想家がいれば、章末に掲載した文献を参考にしながら、自発的に学習し、知見を深めてもらいたい。またできれば、思想家たちが残した著作を手にとってその思想に直接触れることをお願いしたい。

　本章は、古代ギリシャの教育思想から始め、ローマ、中世、ルネサンス、17世紀、18世紀、19・20世紀の6つの節に分かれる。各節ではその時代の代表的な教育思想家の思想の概要、著作などを示した。また、できる限り、その時代の歴史的特徴を記すことによって史的事実の大まかな復習もできるようにした。

1．古代ギリシャの教育思想

（1）ホメロス

　古代ギリシャにおける教育の源泉は、『イリアス』および『オデュセイア』叙事詩の作者として知られるホメロス（生没年未詳）にある。彼は、ギリシャ文明の黎明期の英雄の生涯やその功績を語った。彼の詩的形式は、規則正しいリズムによるものであり、当代の事物を豊富に取り入れた主題を扱っている。ホメロスは、ギリシャ人に対して、その理想的な資質や人間としてのあり方を提供し、ギリシャ人はホメロスの提示する人物像を模範とし、人生の教訓や世界のあり方を学んだのである。つまり、このころの教育とは、行動において賢明な人間を育成することが主たる目的であった。

（2）ポリス（スパルタとアテナイ）

　ホメロスの叙事詩に描かれた貴族的社会の後、紀元前10世紀から8世紀にかけて、ポリス（都市国家）が成立することによって、教育は大いなる転換を迎える。まず、スパルタという都市国家においてである。スパルタでは、強力な軍事力を保持し、集団的国家的教育を推進しようという意志のもと、質実剛健で、勇敢な軍人、また国家を愛し忠誠を誓う人間を育成することが目的とされた。つまり、教育は国家の戦士を育成することを主とし、さらに、スパルタでは、市民は国家に心身ともに属しており、国家の監督下に置かれ、身体的および精神的に厳格な訓練を受けていた。

　一方同じころ、アテナイにおいては、スパルタの雰囲気とは全く異なっていた。スパルタでは、軍事的強制のもと市民を国家のために戦う兵士を育成していたのに対し、アテナイでは、都市国家によって教育が実施されたということはない。自由や正義を重要視する風潮のもとで、家庭が人格形成の重要な場となり、母親や子守の女性により育てられた。そののち、7歳になるとパイダーゴス（教育係）と呼ばれる奴隷が学校まで付き添い、授業にともに出席し、家庭教師も務めた。そして、身辺の世話やしつけを担当し、こどもの事実上の教

育者となったのであった。知の伝達という面に関しては、このころちょうど教師という職業が成立し、国語や音楽、体育を教授したが、彼らは、知や技術を伝達する指導者にすぎなかったのである。

(3) ソフィスト

　紀元前5世紀、ギリシャにおける都市国家の政体が発展し、君主政から寡頭政、僭主政、民主政へと発展を見せることになる。また政治的、経済的、そして文化的にも栄え、社会の知的水準が高まると同時に、専門的な知識を授ける人間が必要とされ始める。このような状況において、ソフィストと呼ばれる職業的教師が誕生してくる。とりわけ、「人間は万物の尺度である」という言葉を残したプロタゴラス（B.C.490頃～B.C.425頃）はその代表者であり、ヒッピアス（B.C.?～B.C.490）やゴルギアス（B.C.483頃～B.C.375頃）といった人物もソフィストに属する。ソフィストとは、もともとは、「賢い者」あるいは「智者」という意味であるが、紀元前5世紀においては、アテナイやその他の諸都市を回りながら有能な市民として必要不可欠な知識を有料で授けた職業教師を意味する。ソフィストが行った教育は、政治学、文献学や数学など、その領域は多岐にわたるが、その教育の中心は、当時の民主政治のもとで必要とされた修辞学や弁論術であった。つまり、複数の意見が存する政治的な場において、聴衆の心をとらえ、賛成を得るという説得の術であった。このような修練を通して、社会において適切な判断を下すことができる知の育成を目指したのであった。とはいえ、その教育は、議論を巧妙に操る単なる詭弁にすぎず、また表面的な知識の獲得という形式主義にすぎないという批判を免れなかった。そして、後に見るソクラテスの時代になるとソフィストは軽蔑的な意味を持つようになった。

(4) ソクラテス

　古代ギリシャにおける最大の哲学者、教育者として、まず、ソクラテス（B.C.470頃～B.C.399頃）をあげることができるだろう。ソクラテス自身は、著作物を残しておらず、彼の教育思想は、その弟子であるプラトンやクセノフォ

ンの作品を通してうかがい知ることしかできない。教育において、先述のソフィストは、広く民衆に知識やそれを活用する技術を売り歩いたのに対し、ソクラテスは全く異なる方法で、ギリシャの青年たちの教育に専念した。つまりソクラテスは、本質的なものや真なるものを認識することをめざし、善き生を送ることによって、そして絶対的な徳を追究することによって倫理的な人格の形成を教育の主たる目的としたのである。

　ソクラテスにおいて注目したいことは、とりわけその方法である。彼は、問答形式で、自らは全くの無知を装いながら相手に質問を発し、巧みに対話を進め、その対話者自身に対して、その答えの含む矛盾を指摘しつつ相手の無知を自覚させ（「無知の知」）、知識を発見させようとした。この方法は、相手に教えるというのではなく、自ら真理を生み出すということを助けるという点で、また彼の母親の職業にちなんで「産婆術」と呼んだ。

（5）プラトン

　ソクラテスの弟子であったプラトン（B.C.428頃～B.C.348頃）は、その師の思想を受け継ぎ発展させた哲学者である。イデア論と霊魂不滅論こそが彼の哲学において中心となるテーゼであるが、教育者としての側面として、B.C.388年、アテナイの西部郊外に世界最初の高等教育機関である「アカデメイア」という学寮を開設したことが有名である。そこでは、政治学や哲学、数学や天文学といった科学が教授されるとともに、社会で活躍する人材を数多く輩出することが意図された。なお、このアカデメイアは525年ローマ皇帝ユスチニアヌスによる解散を命じられるまで900年の長きにわたって存続したのであった。

　プラトンの著作は、きわめて豊富であり、それが取り扱う主題は、哲学に関するもの、政治学に関するもの、認識論に関するものと非常に多岐にわたる。教育論に関しては、特にその著作『国家』が重要である。そこでは、理想の国家はいかなるものか、それを建設することができる人間をいかにして教育していくかという哲人王教育論が詳論される。

(6) アリストテレス

プラトンがソクラテスの継承者であったのと同様、アリストテレス（B.C.384～B.C.322）はプラトンの継承者であった。17歳のころ、プラトンのアカデメイアに入門した彼は、20年間プラトンの死までそこで学んだ後、小アジアのマケドニアに招聘され王子アレクサンドロスの教育を担当した。アレクサンドロスのペルシア遠征時のB.C.335年アテナイに戻り、学園、リュケイオンを開いた。なお、フランス語で高等学校を意味するリセ（Lycée）という言葉は、アリストテレスのリュケイオンに由来している。また、この学校で彼は逍遥しながら講義をしたことから彼の学派を逍遥学派と呼ぶ。現存する彼の著作群は、ここでの講義の成果であり、以後、特に彼の形而上学、自然学、倫理学は中世のスコラ哲学において学問の権威となり、中世の大学の教科書となった。

2．古代ローマの教育

古代ローマは、イタリア半島中部に建設した都市国家である。当初は王政であったがB.C.6世紀には、共和制を樹立した。貴族と平民は、身分的に区別され、前者は、執政官や元老院の議員として国政運営を担った。B.C.3世紀には、イタリア半島内の統一を実現し、三度にわたるポエニ戦争（B.C.264～B.C.146）において、西地中海を攻め。フェニキア人の植民市カルタゴ（現在のチュニジア）を滅ぼした。また続いて東地中海にも兵を送り、B.C.1世紀後半には、地中海世界を征服した。その後、共和制を無視する三頭政治が行われ、カエサルが権力を掌握した。カエサルは、外征に勝利し、ローマ帝政の礎を築いたが、共和制を重んじる反対派による殺害されることとなった。その後、オクタウィアヌスが登場し、その単独支配が行われ、以後、五賢帝の時代に代表されるローマ帝政が続くこととなる。

古代ローマにおいては、ギリシャ文化を受け継いでいたが、言論や雄弁、あるいは推論といった技術を獲得すること、また、英知が結集したところの著作者の作品の研究によって、人文主義的な教養を身につけることが理想とされた。この時代において、西洋教育史の観点で注目すべきは、次の二人の人物である。

それは、キケロとクインティリアヌスである。

ローマの共和制の雄弁家にして政治家、哲学者であったキケロ（B.C.106〜B.C.43）は、『弁論家について』、『国家論』など弁論、道徳、政治といった様々な主題について、ラテン語による著作を残した。また、その文章はラテン文の模範とされたと同時に、ローマ人の道徳的教化に役立った。

クインティリアヌス（35〜100頃）は、ローマにおいて修辞学校を開き、公の給料を受けつつ雄弁術を教えた最初の人物であった。全12巻からなる『弁論家の教育』は、修辞学校での教師としての経験に基づいて書かれたものであり、弁論術の基礎的要素を論じると同時に、家庭教育、学校教育にも言及している。古代における教育に関する体系的な著作である。

古代ローマは、ヘレニズムつまり古代ギリシャの文学や弁論術と接触し、それらを教育に取り入れラテン化し、西ヨーロッパに広げることを推進した時代であった。

3．中世の教育

古代と近代の間に位置する中世は、一般的には、4世紀から15世紀末までの約1000年を指す。史実でいえばキリスト教の公認（313年）にはじまり、ゲルマン民族の大移動、ローマ帝国の分裂（395年）、西ローマ帝国の滅亡（395年）から1453年の東ローマ帝国の滅亡までを指す。歴史の舞台が地中海沿岸からヨーロッパへと移りゆく非常に長いこの時代において、西洋教育思想の観点から覚えておくべきことは、特にキリスト教と大学の誕生という二つの点である。コンスタンティヌス1世のミラノ勅令によってキリスト教が公認され、ヨーロッパ社会は、キリスト教の影響のもと構築されていく。また、教育においてもキリスト教の影響がみられる。

（1）キリスト教と教育

中世における教父哲学の代表者である聖アウグスティヌス（354〜430）は、キリスト教とプラトン主義との融合を試み、自らの遍歴を語った自伝的著

作『告白』や、神学的な歴史哲学を論じた『神の国』(426) を著した。教育の面では、キリスト教の教理の理解のためにはギリシャ哲学の理解が必要であり、それが神学的思弁の基礎となると主張する聖アウグスティヌスは、後に聖職者養成学校を設置した。そこでは、キリスト教の典礼や司牧者としての教育、また教義的・哲学的に高い射程を持ったキリスト教の体系が講義されていた。

その後、モンテ・カッシーノ修道院を設立した聖ベネディクトゥス (480～543) が、そこで、身元を引き受ける若者たちに、ラテン語の知識や哲学的・神学的知識を授けた。また、修道院という共同体で共同生活を送るために、「会則」を定め、それを遵守しながら、「清貧、純潔、服従」を基本理念とし、神に仕える学校として中世のキリスト教教育機関の最も重要なもののうちの一つとなった。

(2) 大学の誕生

加えて、中世における教育で最も重要なことは、11世紀以降、西ヨーロッパで大学が誕生していくことである。特に、法学研究で知られるボローニャ大学、神学のパリ大学、そしてパリ大学を模範にオックスフォード大学が発足した。当時の大学は学問のギルド、つまり同業者組合であり、教皇や皇帝といった権力者から特権を与えられ、自治が認められた。中世の大学で扱われていた諸科目は、古代ギリシャ・ローマ時代において形成された知の体系であり、これに倣うことは、教養の全領域をカバーすることが出来ると考えられたからである。とりわけリベラル・アーツ（自由学芸）を基礎科目とし、神学を専門の上位科目としていた。特にリベラル・アーツは、二つの部分からなっており、一つは「トリウィウム (trivium)」と呼ばれる三科目で、文法学や修辞学、弁証法など言葉や記号を扱う技芸である。もう一つは、「クワドリウィウム (quadrivium)」であり、算術、幾何学、音楽、天文学といった事物および数を扱う科目である。これこそが、自由人にふさわしい学問であり、理想的な人間像を求めるための学問であった。

4．ルネサンス期

　ルネサンス（renaissance）は、まず、イタリアで、14世紀に、その後スペイン、フランス、ドイツなどヨーロッパ諸国においては15～16世紀に起こった芸術や学問、美術、建築など多方面にわたる文化運動である。ルネサンスとは、フランス語で「再生」をあらわす言葉であるが、慣習的に、「文芸復興」と訳される。古代ギリシャ、ローマの文化を模範とし、それを再興させながら新しい文化を創造していく運動であり、とりわけ、思想の分野ではキリスト教神学によって体系化されたスコラ哲学を批判し、新しい時代を開拓する精神の準備がなされていく。また、教育の分野でも、上記のような試みを踏まえて、旧来のキリスト教的な古い教育観、文法中心（修辞学や論理学）の教育、形式主義的教育を改善することを目指す。そして、新しい個人の教育心情や教育を展開し、注目すべき教育理論が数多く生まれた。

（1）エラスムス

　エラスムス（1466/1469～1536）はオランダ、ルネサンス期の最高の知識人であり、かつ最高の人文主義者とされる。アウグスティヌス会修道会の神父であったが、修道院制度やスコラ哲学に批判を加え、宗教改革に大いなる影響を与えた。彼の著作は数多く存在するが、教育論として書かれたのは、『学習方法論』（1512）、『キリスト教君主教育論』（1516）、『児童の品性の洗練について』（1530）などであるが、その主著である『愚痴神礼賛』（1511）や『平和の訴え』（1517）も教育と関連している。

　エラスムスの教育思想において、最も注目すべきは、まず、古代の大著作家たちとの接触によって、つまり、ギリシャやラテン語の著作を研究することによって生徒の趣味を洗練する。また、数多くの訓練によって書く技術と話す技術が学ばれることになる。翻訳や詩作、手紙、演説の実作など表現の技術を養成すること、そして、それを通して文学的で審美的な教育を行った。エラスムスは、礼儀に大いなる重要性を与え、品行方正な人間の育成を目指したのである。

つまるところ、エラスムスが目指したのは、理想化された人文主義者、キリスト教徒であり、ギリシャ古典の英知を体現するものである。それは同時にルネサンスにおける博識な人間でもあった。

（2）宗教改革と教育
　加えてルネサンス以降に、宗教改革運動があったということも重要である。とりわけ、マルティン・ルター（1483〜1546）は宗教改革の中心人物として、1517年ローマ教皇の免罪符の発行に対し95か条の意見書を提出、キリスト教を教会から、個人の信仰のもとに取り戻すプロテスタント宗教改革の先駆けとなった。またドイツ語に聖書を翻訳し、それまでの一部の特権的な人たちが読むことが出来た聖書をより多くの人に広めた。また、キリスト教の教理をわかりやすく記した『教理問答書』（『カテキズム』）によって子どもたちを善きキリスト教徒に育成していくことを試みたのであった。
　またこの時期は、多くの修道会が教育機関を経営、管理していた。その中でも、最も顕著な教育活動を行った修道会は、イエズス会であり、その教育機関であったコレージュ（collège）であった。イタリアのメッシーナにヨーロッパで最初のイエズス会の学校を創設し、それを足がかりとして学校を次々にヨーロッパ中に開設し、比較的短期間でその学校を拡大させていった。

5．17世紀の教育思想（コメニウス・ロック）

　ルネサンス期以降、それまで絶対的な権力を保持していた神聖ローマ皇帝やローマ教皇のそれが衰退し始め、諸国の君主は、自らの領有地の統一を進め主権国家を実現することを目指した。そして17世紀に入り、三十年戦争（1618〜1648）が勃発し、神聖ローマ皇帝、ローマ教皇の地位は完全に失墜してしまう。そしてその講和条約であったウエストファリア条約でヨーロッパにおける主権国家体制は確立されることとなった。諸国の君主たちは、官僚機構を整えること、また軍隊を備えることによって、集権的国家体制を打ち立てたのであった。このような時代においては、近代的な教育の重要な思想が数多く生まれた。

（1）コメニウス

17世紀を代表する教育思想家として、「近代教育学の祖」と呼ばれる現在のチェコに生まれたコメニウス（1592～1670）があげられる。百科全書的な哲学体系（汎知学）の研究に力を注ぎ、『大教授学』（1657）や世界最初の絵入り教科書として有名な『世界図絵』（1658）、『開かれた言語の扉』（1631）を記した。コメニウスの教育思想は、「すべての人が、すべてのことを、すべての面において（学ぶ）」という表現に集約されるが、身分や男女や貧富の差なく、普遍的な知識の体系を学ぶものであった。普通教育が全く行われていないこのような時代において、コメニウスの「すべての人への教育」というのは時代を先取する考え方であった。

（2）ロック

ついで、17世紀においてジョン・ロック（1632～1704）の名を挙げることができるだろう。ふつうロックは、王権神授説を否定し、社会契約論、立憲主義を主張した思想家、あるいは、生得観念を否定し、つまり生まれたときは、まったくの白紙の状態（タブラ・ラサ）であり、人間の知識や観念、あるいは道徳性や能力というものは教育によって作られると主張したとされるが、その教育思想に関しては『教育に関する考察』（1693）に見いだすことができる。この著書において、ロックは、ジェントルマン（gentlemen）の教育論を展開する。そこでは家庭教育を重視し、礼儀作法を教え、礼儀正しい有徳の人間、また自らを節制し、思慮分別のある人間を育成することが目指された。一方で、古代ギリシャ・ローマの人文学的な知については批判し、歴史学、法律学といった実学的な学問を教育するべきと説いた。

6．18世紀の教育思想（ルソー・ペスタロッチ）

18世紀に入り、とりわけ、フランスでは啓蒙思想が全盛を極める。とくに、宗教的な権威を徹底的に批判したヴォルテールや三権分立を唱えたモンテスキュー、『百科全書』を編纂したディドロとダランベールなどが活躍した。彼

らはそれぞれの方法によって、新たな国家や社会のあり方を思考し、提言し、その後のアメリカの独立やフランス革命の理論的支柱を準備した。

（1）ルソー
　このような時代に活躍した教育思想家として、ジャン＝ジャック・ルソー（1712〜1778）がいる。ルソーは、政治、哲学、音楽、文学といった多方面で才能を発揮した。教育論を展開した代表的な書物として、『エミール』（1762）をあげることができる。この大著は、小説の形を借りた教育論であり、ひとりの教師が、エミールという生徒を、生まれた時から結婚するまで導いていくという理想的私教育論が主題となっており、その自然主義的教育論の展開の場となっている。
　『エミール』の中で、ルソーは「人間の共通の天職は人間である」と述べている。このことが意味するのは、人間は、僧侶や軍人と言った社会的身分や職業が付与される前に、本来、一個の人間であるということである。そして、この「人間」とは彼がいうところの「自然人」（l'homme naturel）である。この自然人は、社会によって歪められていない自然のままの人間、社会や制度そのもの、あるいはそれらによって構成された習性や慣習によって変化させられる以前の自然状態に生きる人間、「自由なものとして生まれた」存在である。

（2）ペスタロッチ
　ルソーの活躍した時代の少し後、彼と同じくスイスに生まれた教育思想家としてペスタロッチ（1746〜1827）がいる。ペスタロッチは、ルソーのような単なる理論家としての側面ではなく、教育の実践家であるとされるが、ルソーの自然主義の影響を多分に受けた。
　農場経営に失敗した後、貧しい子どもたちや孤児のための教育施設を各地で設立し貧民救済に尽力した。『隠者の夕暮』（1780）、『シュタンツ便り』（1799）といった著作群を記した。彼の教育思想の根本にあるのは、心情、技術、知性の3つを陶冶し、調和的で均衡のとれた人間の育成を目指したことである。また、彼は、事物を言葉による知識の伝授ではなく、実際に見せることによって

子どもに教えるという実物主義の観点に立ち、見るという直接的な経験を通して、子どもの認識を発展させていくという教育法を実践した。これはメトーデ（Methode）と呼ばれ、のちのヘルバルトに影響を与え、明治時代に、日本にも導入された。

7. 19世紀から20世紀にかけて
（ヘルバルト・フレーベル・モンテッソーリ・デューイ）

19世紀直前、アメリカの独立とフランス革命、そして産業革命が欧米のみならず、世界に大いなる影響を与えた。またこれは、ヨーロッパの旧制度を動かし、19世紀末には、政治制度、社会生活など様々な面で大きく変化させた。とりわけ自由主義や民主主義といった政治的な原理が生まれ、経済においては資本主義が発展していく時代が19世紀なのである。

そして、19世紀末から20世紀にかけて世界は帝国主義へと入っていく。世界中で貿易や交通が発達し、人は移動し、物品が流通し始め、欧米は先進工業国として、経済は独占資本主義の時代へと向かう。また、各国はその勢力を拡大するために、植民地を求め進出した。その後、人類は、その史上において経験したこともない二度の世界大戦を迎えることとなる。

（1）ヘルバルト

このような、欧米社会の転換点において、まず、考慮すべきはドイツの哲学者、教育学者ヘルバルト（1776～1841）である。1799年ブルクドルフにいたペスタロッチを訪問し、大いなる影響を受け『ペスタロッチの直観のABC』（1802）を著した。その後、『一般教育学』（1806）や『一般実践哲学』（1808）といった哲学的著作を発刊し、1809年からカントの後継者としてケーニヒスベルク大学で哲学や教育学を教えた。

彼が主張するのは、教育なき教授、つまり専門的な知の伝達ではあってはいけない、また教授なき教育、つまり人間の人格的な側面の陶冶のみの教育を批判し、教育と教授が結合した教育的教授を通して、道徳観が形成され品性が陶

冶されること、また知識や技能を習得していくことであった。また彼は従来の単なる教育に関する理論ではなく、科学的な知見に基づく教育学を樹立した最初の教育学者であった。

（2）フレーベル

次いで、ペスタロッチの直系の後継者としてフレーベル（1782〜1852）があげられる。父を20歳の時に亡くした彼は、測量技師、家庭教師、秘書といった職を転々とした。イエナ大学で数学、物理学、建築学などを学んだのち、ペスタロッチの活動を知りその学園を訪れ、自ら教員になることを決め、1816年、ドイツのカイルハウに一般ドイツ教育所を設立。ペスタロッチのメトーデと自らの理論を組み合わせた教育を実践した。またこの時の実践を踏まえて書かれたのが主著『人間の教育』（1826）であった。

彼は、幼稚園の創始者としての側面が最も有名であり、カイルハウの学園の人数が少なくなってきた際、それまで教育の対象外とみなされてきた幼児、貧民の子どもたちの教育施設を作り、女性を保育者として養成していく計画を実現していった。その後、1840年一般ドイツ幼稚園（kindergarten）を創設し、幼児期の教育を担ったのであった。また、そこでは、幼児用の教育的遊具として、「恩物」と呼ばれる遊具が創案された。「神から人間への贈り物」という意味をあらわすドイツ語gabeの訳語で、神が児童に与えた遊具の意味である。球体や立方体といった形からなるこの遊具により、幼児に神や自然や生命を知らせ、真理に即した教育ができると考えられた。

（3）モンテッソーリ

1870年イタリアに生まれたモンテッソーリ（1870〜1952）は、ローマ大学の医学部で学び、イタリア初の女性医学博士となった。その後精神病院での治療と研究を経たのち、1907年には、「子どもの家」（Casa dei Bambini）を開設。貧困層の3歳から7歳の児童の教育を担当した。この年齢の間は、感覚運動機能を十分に機能させることが、将来の諸能力の発達につながる。また知識の伝達や道徳観の養成もこの感覚運動機能の教育を行った後に積み重ねれば大いな

る効能を引き出すという観点から教育を行った。この方法はのちに、モンテッソーリメソッドと呼ばれ、欧米各地に普及し、日本では特に幼児教育の分野で応用されている。

（4）デューイ

ジョン・デューイ（1859～1952）は、アメリカの教育学者として、また、プラグマティズムの代表的な哲学者として知られる。教育学者としての側面は、いわゆるデューイスクールと呼ばれるシカゴ大学附属小学校を創設し、進歩主義的な教育を実践したことである。主著として『学校と社会』（1899）や『民主主義と教育』（1916）があげられる。

その思想は児童中心主義であり、旧来の教師や教科書による知の伝達ではなく、実際の生活や経験を通して学習していくものであり、子どもの個性を伸ばしながら、自然に放任することなしに、精神的、社会的な環境を適切な形で提供することが求められるのである。また、教育による社会の改造を説き、教育は今の習慣をそのまま保持するためにあるのではなく、より良い習慣を求めて、そして社会は今の子どもたちが住むそれよりもさらによい社会になるためにある。このような、社会の漸進的な改造と進歩は、政治という外的な統制ではなく、内的な知性の教育によって実現可能である。つまり、教育が個人を変革し、個人が社会の変革へとつながるという思想である。

とりわけ第二次世界大戦以降、デューイの教育思想は日本の教育に大いなる影響を及ぼした。

おわりに

「空間的にも時間的にも遠く離れた西洋の教育思想について学ぶことは何の役にたつのか？」「そういうことを学んで意味があるのか？」という問いが必然的に提起されるだろう。確かに、一見したところ、学ぶことにメリットはないように見える。また、最低限の知識さえ獲得しておけば、十分教員採用試験の問題には答えられ、正解を得ることはできるだろう。しかし、教育思想を学

ぶことの功利や意味はそういう点にあるのではない。西洋教育思想には、今日のわれわれの教育の源泉が存在している、そして、その伝統を理解すること、すなわち、西洋教育思想を導きの糸にすることは、今日われわれが直面している教育に関する問題や課題への処方箋を与えてくれるものであろう。これこそが、西洋教育思想を学ぶ意味であり、また醍醐味なのである。西洋の教育思想家がその著書において何を語ったか、実践家が何を実践したのかということを認識すること、これこそが教育という崇高な使命に携わる現代の私たちにとって必要不可欠な行いなのである。

学習課題

（1）古代から現代までの西洋の歴史の流れを大きくとらえ、歴史的事象について復習をしておこう。
（2）本章に出てきた教育機関名やそれに関わる人物名は整理して覚えておこう。
（3）本章で登場した教育思想家の翻訳作品を手に取って読んでみよう。また彼らが著作の中でどのような教育思想を述べているかまとめてみよう。

【参考文献】（手に入りやすい通史的なものを挙げておく）
梅根悟監修『世界教育史体系』講談社　1975
大河内一男『教育学全集』「2教育の思想」小学館　1967
桑原武夫編『ルソー研究』岩波書店　1968
上智大学中世思想研究所編『ルネサンスの教育思想』東洋館出版社　1986
廣川洋一『ギリシア人の教育―教養とはなにか』岩波新書　1990
P.アリエス、杉山光信他訳『〈子供〉の誕生』アンシャン・レジーム期の子供と家族生活　みすず書房　2003
P.アリエス、中内俊夫編訳『「教育」の誕生』藤原書店　2003
エラスムス著、中城進訳『エラスムス教育論』二瓶社　1994
マルー.H.I『古代教育文化史』横尾壮英訳、岩波書店　1985

第3章

日本の教育思想

⋮

　本章では、教育思想史における日本の教育思想史に特化して述べる。
　特に古代から昭和の時代に至るまでを丁寧に述べることとする。昭和以降は学習指導要領の改訂などについて「学力と評価」「教育課程論」の授業を通して学ぶので、詳細はそちらに譲ることとする。
　皆さんは、高校時代の日本史の学習を思い出しながら学習していただきたい。本章では、古代から変わっていく教育制度だけでなく、その変化の社会的な背景に注目するとともに、その当時の学力評価のありかたにも言及する。評価の在り方は、その時代の社会的な要求の影響を大きく受けているからである。
　本章に出てくる、様々な教育施設や教育者について、皆さんが興味を持ったことについて、関係する文献を調べ、学習を深めていただきたい。

1．古代から近世の教育思想

（1）古代の教育

　日本において組織的に学ぶという行為が行われるようになったのは、古代統一国家が形成される時期になってからある。中国や朝鮮半島との交流が盛んになったことがきっかけである。特に文字の伝来が大きな意味をもっている。285年には百済から『論語』と『千字文』が伝えられてことは、注目すべきことである。これにより、知識や技術などを間接的に人から人へと伝えることができるようになり、体系的で高度な文化が習得できるようになった。

　その後6世紀末から7世紀にかけて、中央集権国家体制の確立が進む中で、遣唐使などを通じて積極的に大陸の文化が取り入れられた。天智朝の律令制の時期には、組織的な学校教育として大学が始まる。これは文武朝になって、大宝令（701年）のなかの「学令」として整備された。中国の唐の学制にならって、中央に大学寮、国ごとに国学、そして九州の太宰府に府学が置かれたのである。

　大学は中央の政庁の官吏養成を目的とし、貴族や東西史部の子弟が入学対象であり『孝教』や『論語』などの儒教中心の学問を学んだ。大学には経・音・書・算の4コース（道）がおかれ、各コースに教官（博士）が2名おかれ、定員は400名であった。ここでも成績評価ははっきりした規定が制定されていた。10日ごとの洵試と1年に1回7月の学期末に行われる年終試験によって個々の学生の成績が出され、成績が悪ければ一定の罰を受けることとされていたのである。国学は郡司の子弟を対象としていた地方の官吏養成施設であったが、実際は機能していなかったようである。

　平安時代になると、有力な氏族が力をもち、同族の子弟の人材育成ために大学寮以外に寄宿寮・学習室を設けた。これが大学別曹であり、最古のものに和気氏の弘文館（782年）がある。その他に藤原氏の観学院（821年）、橘氏の学館院（844年）、在原氏の奨学院（881年）などがあった。

　この時代に、僧俗・貴賤を問わずに教育の門戸を開放していたのは、空海が

設けた綜芸種智院（828年）である。ここでは種智（儒教・顕経・密教）を通して知育と徳育を行った。また771年には、仏教への信仰が篤かった石上宅嗣が私邸内に日本で最初の公開図書館とされる芸亭（うんてい）を設立した。

（2）中世の教育

鎌倉時代から南北朝時代を経て、室町時代後期までの時代は、中世といわれている。この時代の権力の中心は武士であった。家父長制の考えのもとに、家長は一族の繁栄存続をはかり、また恩と奉公という主従関係を強固にしなければならなかった。そのため、伝聞と体験により、それぞれの訓戒を子々孫々に伝えようとした。それが武家家訓と言われるものである。例えば、「大内家壁書」「信玄家法」「早雲寺殿廿一箇条」などがよく知られている。

この時代にも平安時代と同様に、武家が文庫を設けている。金沢文庫と足利学校が今日まで残っている代表例である。金沢文庫は、北条実時が1275年に設立して、仏典・和漢書など3万巻を以上の蔵書があったといわれている。ここに来る僧侶たちは、蔵書の閲覧・書写を行ったので、文庫は図書館の役割もあった。足利学校は、1432年から30年代末の間に上杉憲実が、足利義兼が設けた寺を再興して設立したと言われている。この学校では、漢字の教授を行い、易学が重視され、兵学も教えられた。

1400年頃に記された世阿弥元清の『花伝書』には、教育は受ける者の発達段階を考慮して行うことの必要性が述べられている。この時代に、教育を受ける立場の者の発達を考慮した指導が述べられていることに驚く。

（3）近世の教育

この時代は、幕藩体制を基本とする封建的身分制社会である。教育も、基本的なそれぞれの身分関係に応じた形で展開されていた。その設立と経営の主体という点から分けると、①幕府による官学、②諸藩主による藩校、③藩主又は私人による郷学、④儒者等による私塾、⑤浪人や軽格の武士または僧侶あるいは御家人など多様な人による寺子屋になる。これらの多くは、個別学習を中心とした教授形態が多くとられていた。時には会読や輪読といったゼミナール形

式の学習や講釈といった講義形式の授業も行われていた。

1）幕府による官学

官学の代表は、江戸幕府が設けた昌平坂学問書（昌平黌と通称）である。その源は、1630年に林羅山が上野に開いた弘文館（1690年に湯島に移転）にある。幕府が朱子学以外の学問講義を禁じた「寛政異学の禁」（1790年）以降、大々的に新学舎が建てられ、1797年にこの家塾が幕府直轄の学校なった。この他も、江戸幕府が設けた学校として、蕃（蛮）書調書や医学書がある。

昌平坂学問所には、旗本・御家人の子弟で7～8歳以上の者が入学を許された。後には、各地各藩から俊才が集まり、江戸時代の最高学府としての地位を占めた。彼らはまず素読書にはいって、『小学』や『四書五経』などの素読を習い、またこの間毎月定期的に復習所に出て行って、習ったところの復習を行った。こうして素読の課程が終われば、初学所に入って、『左伝』『国語』『史記』『漢書』『蒙求』『十八史略』などを学んでいた。さらにすすんで、様々な経書の講釈も聞いた。また教授の臨席のもとに学生たちが集まり、会読や輪講、取り調べ（協同調査）、詩分会などを行うことも教育課程の重要な部分となっていた。また、素読所では、全体の学習過程を7段階に分けて、それぞれ10人程度で一斉指導を行っていた。復習所では、成績により、所属する段階を上下させるといった等級制がとられていた。

2）諸藩主による藩学

藩学は1661年から1750年までの間は28校だけであった。しかし1751年から1871年にかけて223校が増設された。1750年より以前の藩校は、その目的が学問奨励のものが多かったが、それ以降は各藩の財政改革の一環として創立されることが多かった。さらに、財政難を変革できる有能な人材を育成するとともに、藩士の士気を鼓舞し統制と団結を図ることが目的であった。

多くの藩校では、藩士子弟の修学の義務を定めていた。6～8歳で入学し14～20歳ぐらいで卒業した。ここでの学習内容は、漢学（儒学）が中心だったが、幕末に近くなると算術・洋学・医学を教授するところも出てきた。さらに、幕末では約半数の藩校が一般の人にも門戸を開くようになった。

有名な藩校としては、会津の日新館（1674年）、萩の明倫館（1719年）、仙台

の養賢堂（1736年）鹿児島の造士館（1773年）水戸の弘道館（1841年）などがある。

　3）藩主または私人による郷学

　郷学には、武士を対象としたものと、庶民を対象としたものと、この両者の入学を受け入れた3種類の学校があった。一般に開放されてはいたが、藩の保護下にあった。藩としては、領民の教化だけでなく、広い範囲から有能な人材を集めるため、これを開設することが多かった。

　武士を対象としたものは、その多くは領内各地に散在する藩士子弟のための教育機関であり、小規模な藩校といえる。庶民を対象としたものには、岡山藩主池田光政によって1686年に設立された閑谷学校が有名である。

　4）儒家等による私塾

　この時代は、家塾・私塾とよばれる教育機関が、多く出現した。藩校が、官許の学問の域を超えられないのに対し、私塾は官に拘束されることなく、自由に新しい学問を求めていた。漢学塾としては、中江藤樹の藤樹書院、荻生徂徠の蘐園塾、伊藤仁斎の古義堂、広瀬淡窓の咸宜園、吉田松陰の松下村塾などがあった。また、儒学者の貝原益軒は『和俗童子訓』などを著して、年齢に応じた教育の必要性を説いた。国学塾としては、本居宣長の鈴屋、平田篤胤の気吹舎があり、洋学塾としてはシーボルトの鳴滝塾、緒方洪庵の適塾、大月玄沢の芝蘭堂などが有名である。

　松下村塾は下級武士を集め社会改革の担い手を育てるなど明治維新を支えた有能な人材を輩出している。広瀬淡窓の咸宜園では、教育に方法や評価方式の改革にも取り組んだ。最初は門弟が2人であったが、その教育方法の名声が全国に伝わり短期間で4000人まで急増した。ここでは門弟の等級を身分で分けるのでなく、毎月の学力検査で定めていた。適塾でもその方式がとられ、若者たちが精力的に学んだ様子が、門弟の福沢諭吉の『福翁自伝』に記されている。咸宜園では、門弟が多く、従来の個別指導の方式をとるのが不可能であり、現在のような一斉指導の方式をとった。また「故に余が人を教うるは先ず治めてしかして後これを教うるなり（『夜雨寮筆記』巻2）と言っている。まず教育には、学習できる環境を整えるための学級経営や生徒指導が必要であるとの意

味である。このような考えは近代教育のさきがけといえる。

5）寺子屋

　この時代には寺子屋は、全国各地に広がっていた。明治の初めにされた調査によると、当時の寺子屋の数は、1万5,512校とされている。寺子屋への就学率は、江戸のような人口が多い地域では、86％と高かったが、南関東の中農層の多い地域では10％強であるとされ、地域により大きな格差があった。しかし、寺子屋の著しい広がりは明治初年における急速な小学校の普及の基礎となった。

　寺子屋が近世後期以降に急速に増加した要因は、庶民の自発的な「学びたい」という要求にある。経済活動が急速に活発化し、物々交換を主とした自然経済から貨幣経済へと移行して、町民の間にも読み書き計算の能力の必要性が高まってきた。農民も生産力を向上させるため農業技術書を読み、村外の人々との交流をする必要上、学力を獲得する必要性に迫られていた。また、当時は支配者が触れ書きなどを通して、弛緩してきた封建的秩序を回復維持しようとしていた。そのため庶民が触れ書きなどを読み書きできるように学習を奨励したことも寺子屋の拡大要因の一つである。

　寺小屋の指導者は、僧侶・武士・神官・医師・庶民など多様であった。女性の師匠もいた。寺子（筆子）は5・6歳で寺入りし、3年から7年通うのが一般的であり、年齢の異なる20人から40人が同時に学んでいた。寺子屋には女児も通っていたが、ほとんどの女子は家庭で教育を受けていた。内容は、知的な面よりも道徳や生活に必要な実用教育が多かった。

　寺子屋の学習内容の中心は「手習」（習字）であり、テキストは往来物であり、これで基礎的な読み書きや算盤を学んだ。往来物の領域は『底訓往来』や『実語教』といった教訓的なもの、『百姓往来』『商売往来』といった産業や生産に関するもの、さらには語彙、社会、消息、地理、歴史、理数、女子用道徳などがある。

2. 近代教育の始まり

　明治維新後には、欧米の教育制度を参考として、江戸時代の教育も継承しながら、近代的な学校制度が出発することになる。1871（明治4）年に全国の教育行政を統括する文部省が設置されて、翌年1872（明治5）年に「学制」が発布された。近代国家にとり、諸外国に対抗するために産業を発展させ国民の気持ちを統合することは急務であり、そのための手段として教育は重要であった。明治政府は「富国強兵」「殖産興業」を実現し、国民の気持ちを統合するために、早期に学校教育制度を整えなければならなかった。

（1）近代学校の設立

　「学制」に先だって、いわば学制の前文である「学事奨励に関する被仰出書」が出された。ここには、教育改革の大方針が4つ書かれている。第1は国民皆学である。従来の社会では学問は武士以上のものに必要と考えられていたが、今後は女子も含めて全ての者が学ぶ必要があるとされた。第2は、学ぶ目的を立身治産としたことである。従来は、国や藩のために学ぶと考えてきたが、今後は個人の立身や治産・昌業のために学ぶとした。第3は、教育の内容として実学をあげたことである。従来は、学問は詩章記誦（ことばのあや・そらよみ）・空理虚談（むだりくつ・そらばなし）に終わっていたのに対し、読み書き算をはじめ、法律・政治・天文・医療など人間としての営みに必要な知識技能を学ぶこととした。第4は、教育費は受益者が負担するとしたことである。

　このような「学制」の教育観は、欧米の近代思想に基づく近代教育の理念に支えられたものである。教育は中央集権方式をとるという方針は明確になっていたが、それは全国の学校教育の内容・方法まで画一化しようとするものでなかった。教科書についても国の画一的な統制はなく、それぞれの土地民情に適した教科書をすすめていた。

　全国を8大学区（翌年7大学区に改める）に分け、1大学区を32中学区に、1中学区を210小学区に分けた。それぞれの学区ごとに、1校ずつ大学校、中

学校、小学校を設置することとした。このように「学制」は江戸時代の身分制度による複線型学校体系を廃止した。小学校は、満6歳で入学し、下等小学4年（8等級）・上等小学4年（8等級）からなっていた。中学校は下等中学3年、上等中学3年の2段階とし「普通の学科」を教える中学校のほか、工業高校、商業高校、農業高校などもこの中に含まれるとされた。さらに専門学校・外国語学校・師範学校も設立することとなった。大学校は「高尚の諸学」を授ける専門教育の学校とされ、理学・科学・法学・医学・数理学、等の学科を置くとされていたが、年限は決められていなかった。

　教育方法にも改革が求められた。江戸時代の寺子屋では、子どもが1室に10人いても一斉授業ではなく個別に手習いを教わるのが一般的であった。ヨーロッパの場合は、大衆教育の普及を必要とした産業革命時代に一斉授業方式が普及していた。欧米の科学技術を急速に導入しようとしていたこの時代の日本でも、ある程度の知識を習得した大量の労働者を育成するために、一斉授業方式がとられた。

　そのために、学校に机と椅子、黒板や掛図が用意された。またアメリカから教師のM・M・スコットを師範学校に招いて、新しい教授法を普及しようとした。この新しい方法によって授業を受けた子どもたちの進級に対しては、厳格な試験が実施された。卒業や進学に対しては、さらに厳しい大試験があった。

　国家の教育財政の多くは、高等教育につぎ込まれ、小学校の経費は受益者負担だった。1875（明治8）年には、小学校の数は2万4,000を超え、現在とほぼ同数となった。しかし、教育内容が、庶民の日常生活から離れていたこと、授業料の負担が大きかったことなどが原因で、就学率は30％と低かった。学校の規模も、全児童40人から50人程度で、教員も1人から2人程度と少なかった。学校の建物も、40％が寺院、30％が民家を利用したもので、寺子屋とさほど変わらなかった。

　これらの学校では、一定の学力を身につけて初めて次の段階に進むことが許されるという等級制の考え方が基本であった。等級制では、生徒の各級別在学数は下級には多く在籍するものの、上級になるに従って生徒数は減少する。このような状況になると、小さな規模の小学校では、各級ごとに指導する教師を

そろえるのが困難になる。現在でも、小規模の小学校で複式の授業が行われているのと同じである。そこで、一人の教師がいくつかの級をもつという合級制が明治15年ごろから目立って多くなる。このため、18年ごろには半年単位で考えられていた等級変更が学年単位に転化していった。さらに、全国各地において、学力水準の異なる生徒を含む、学級を基礎とした教育へと変化していった。つまり「等級制」から「学級制」への転換がされていった。

（2）教育の復古思想の興隆

1880年になると、自由民権運動が盛んになる。その一方で文明開化の風潮が批判され、復古思想が興隆し始めた。1879(明治12)年、明治天皇は国民教育の基本方針として「教学聖詔」を示した。これは教学の根本は第一に「仁義忠孝」を明らかにすることであるとして「学制」の開明的な教育理念とは異なるものである。

1885(明治18)年に文部大臣の森有礼は、日本を世界の列強国と並ぶ地位まで高めることを目標とし、来るべき立憲体制にあった国家思想の涵養を国民教育の中核に位置付け、1886年にいわゆる「学校令」を制定し、「学制」を廃止した。これにより日本の学校体系は、小学校・尋常中学校・高等中学校・帝国大学という4つの段階となり、戦前の日本の学校制度の基本構成が整った。

小学校は、尋常科（就業年限4年）と高等科とからなり、尋常小学校の就学は保護者の義務とされ、法令上初めて義務教育が規定された。しかし、これには大幅な免除や猶予が認められており、さらには授業料の徴収もあったので、すべての児童や生徒の就学にはいたらなかった。さらに、中学校は男性のみを対象として、女性は含まれていなかった。

（3）教育の国家統轄・国家主義化

1890年代には、大日本帝国憲法の制定や地方制度の整備にともない、国家主義体制が確立する。教育の面では、1890(明治23)年に第2次教育令が公布された。そこでの教育の目的は、「道徳教育及国民教育ノ基礎」と「普通ノ知識技能」を授けることとされた。また教育における国・府県知事・校長の役割が明

確化され、各小学校に国の管理がさらに行き届くこととなった。

1890(明治23)年に教育の根本方針である「教育ニ関スル勅語」が発布された。起草者は井上毅と元田永孚であった。教育勅語は、天皇の慈しみの政治と臣民の忠誠によってなりたつ「国体」に教育の根源があるとし、忠孝の儒教道徳を基本に近代的倫理を加えた国民道徳のあり方を示した。この思想は修身の教科書に基本的な内容が示されていた。また、「教育ニ関スル勅語」は、天皇の写真である「御真影」とともに各学校に配布され、天皇制を中心とする国家教育の精神的な支柱となった。

1900(明治33)年には第3次小学校令が公布された。小学校4年間の義務制と無償制が実施され、日本の公教育が制度的に確立した。この時、児童の学齢簿も全国的な統一的様式が規定され、学籍の確認がなされた。指名・生年月日・住所・入学年月日・入学前の学歴・卒業年月日・退学年月日・退学の理由・保護者の氏名と住所・職業・児童との関係・学業成績・在学中の出席状況・身体の状況を記入する欄があった。この様式は、この後小さな変更はあるが、ほぼそのままの形で踏襲され、1938(昭和13)年まで用いられた。

この後、日露戦争後の近代産業の発展などに支えられ、就学率は1902年に91%となり、その後も上昇を続けた。そして、1907(明治40)年には小学校令が改正され、尋常小学校の就業年齢は4年から6年に延長され、6年制の義務教育制度が成立した。

(4) 大正時代の教育

日清・日露の2つの戦争を経て、日本の資本主義体制は発展したが、その反面国内での民主主義や社会主義の運動もさかんになった。特に第一次世界大戦前後の大正デモクラシー運動を中心とする社会運動の高揚は教育勅語を支柱とする教育体制に動揺を与えた。そのため、臨時教育会議（1917年）が設置され、教育制度全般にわたる国民道徳の徹底と国体観念の振興を図るべきであると答申された。これにより各学校段階の目的規定に国民道徳の涵養が付加され、教育内容の国家主義化が一層進むこととなった。

教育方法では、大正から昭和の初めにかけて、アメリカのソーンダイクの進

める客観的な検査法、科学的評価法の影響を受けて、日本でも教育測定を主張するものが多くなった。標準知能検査や多様な性格検査が開発され、教育現場に多く取り入れられ、教育測定運動が一世を風靡した。

　また、この時期には大学令と高等学校令が制定された。従来の帝国大学以外にも公私立大学や単科大学の設置が認められ、近代日本の高等教育制度の完成期であった。新たな大学が認められ、1918（大正7）年の5校学生数6,900人から1930年には46校約4万1,300人へと、大学生は急増した。これは、産業界からの優秀な経営人材や技術人材の要求や、都市を中心とした中産階級の高い教育要求に答えるためであった。

　このころ、中学校への進学希望者も急増し、深刻な受験戦争の様相を示すようになった。1917（大正6）年には中学校入学志願者が8万1,000人、1919年には12万2,000人となり、1923年には15万5,000人に増加した。そして一部の有名な中学校に志願者が集中するという現象が見られた。科目試験偏重の選抜方式が、過度な受験準備教育を招くと考え、入学選抜方式から学科試験を全面的に廃止することとなった。入学試験から入学考査への転換が進められ、内申書と人物考査と身体検査を総合的に判断し入学者を決定した。

　しかし、この制度により大きな混乱が起きた。内申書の内容に教師の情実が入り込み信用できないという問題であった。また、内申書を有利にするために、関係者に金品を贈るという教育界には珍しい汚職事件が各地で摘発されることになった。これらの課題により、新しい選抜法は実質的に骨抜きになった。

　この時期の教育の注目するべき動向は、「新教育」あるいは「自由教育」といった教育実践が展開されたことである。新教育運動は第一次世界大戦後の開放的な自由主義・民主主義の思想を背景として、また世界的な新教育運動の潮流の下で繰り広げられた。これは、画一的・形式化した詰め込み主義の公教育を批判し、児童の興味・関心・自主性を重視する児童中心的な実践である。この実践は、大都市の私立学校（成城小学校・池袋児童の村小学校・玉川学園等）や師範学校付属小学校を中心に行われたが、一般の公立小学校にも少なからず影響を与えた。全国的に大きな影響を与えたのは奈良女子高等師範学校の木下竹次の理論である。木下は教科の枠を超えた生活そのものを単位学習としての

「合科学習」を主張した。

　しかし、新教育の実践は、日本の子どもの社会的現実に合わせて行われたものではなく、外国の教育理論や実践の紹介や導入を中心としたものであり、天皇制教育体制の枠内での教育内容・方法の改善にとどまったとされる。この教育運動は一時的に興隆したが、やがて文部省の監督が強くなり、結局1930年代以降の軍国主義教育のなかで衰退していった。

（5）昭和初期・大戦前の教育

　1931（昭和6）年の満州事変を経て、1937年に日中戦争が開始されると、日本は戦時体制に突入し、教育政策の面でも戦時色が濃くなった。教学刷新評議会は、国体観念、日本精神を根本として学問・教育を刷新するべきだと答申した。1937（昭和12）年設置の教育審議会では、数学の指導や戦争遂行に必要な教育制度の改革を審議した。

　そして、1941（昭和16）年に国民学校令が制定された。従来の小学校は国民学校と改められ、そこでは「皇国民」の「基本的錬成」をなすものとされた。また、国民学校では、従来の教科の枠組が大きく改編され、国民科・理数科・体錬科・芸能科・実業科の構成となった。国民学校令では初等科6年と高等科2年を義務制とし義務教育年限を2年延長することとしたが、この後の戦争の激化にともない無期延期となった。

　国民学校になってから、学齢簿の成績評価の観点が大きく変わった。これまでは相対評価だったが、到達度評価的なものへと変更された。評価の基準は「学年相当の程度」に達しているかどうかであるが、学年相当の学力の具体的な内容が設定されていなかった。またどのような、評価方法を用いて学力の程度を把握するかという示唆もなかった。したがって結果的には教師の主観性の強い評価になってしまった。

　1941（昭和16）年の太平洋戦争の突入後、1943年頃から大都市の国民学校で学童疎開が行われ児童は地方に移動した。中等以上の諸学校では、勤労動員により、学生・生徒が工場で年間を通して働くようになった。1943年からは、高等教育機関に在籍する男性の学徒出陣が開始され、戦況の悪化にともない、学校

教育はその機能をなくしていった。

3. 民主的教育制度の確立とその後の教育

(1) 民主的教育制度の確立

1945(昭和20)年8月太平洋戦争は日本の敗北に終わり、日本の学校教育は一大転換をすることとなった。

戦時色にいろどられた「軍国主義」教育を清算すると同時に、極端な精神主義に陥った皇道主義の傾きも克服しなければいけなった。ここで新たに強調されたのが科学的精神であり民主主義である。そして注入主義ではなく開発主義の教育が唱えられ、一人ひとりの子どもから湧き出るものを大切にする教育が主張された。

この考えは、戦後の日本を占領したアメリカの教育学者の願いとも一致するものであった。連合軍司令部の要請によって、日本の教育改革について専門家としての勧告をするために来日した27人からなる「米国教育使節団」は1946(昭和21)年3月に報告書をまとめた。この報告書は戦前・戦中における日本の教育の在り方を徹底的に批判するとともに、新しい民主主義の教育理念を示し、それに基づく教育制度、教育内容、方法・改革案を提言した。わが国の戦後の学校教育はこの報告書を土台として再出発したといっても過言ではない。

報告書の内容は、①自由なカリキュラムの編成、②教科書国定制の廃止、③国語の簡易化、④ローマ字の採用、⑤6・3・3・4制の単線型学校体系、⑥男女共学、⑦教員養成制度の改革、⑧高等教育機関の増設などである。

1946(昭和21)年国民主権・平和主義・基本的人権の尊重を基本原理とする日本国憲法が公布された。この憲法では、思想信条の自由、表現の自由、学問の自由などを承認するとともに、第26条で教育を受ける権利を定めた。教育を受ける権利は国民の基本的人権の一つである。戦前は教育権は国民をどのように教育するかといった国家の権力と解されていた。

次いで1947年(昭和22)年3月戦後の教育の根本理念を明らかにした教育基本法が公布された。教育は「人格の完成」を目指すものであるとし、義務教育

の無償、教育の機会均等、男女共学、教育の宗教的中立、教育行政の独立など、教育を受ける権利を実現するために諸原則を定めた。戦前の大日本帝国憲法・教育勅語体制に変わって日本国憲法・教育基本法による体制が確立した。

　教育基本法と同時に、その理念を学校教育制度に具現するための学校教育法が公布された。進路や性別によって異なっていた学校制度が、小学校・中学校・高等学校・大学を基本とする単線型の学校体系になった。また義務教育年限を延長して全ての国民に共通な3年制の中学校制度が設けられた。さらには、男女共学が制度原則とされ、女性にも大学教育の機会が開放された。

　1947(昭和22)年には「小学校学習指導要領（試案）」が公表された。これは、それぞれの学校で教師が自分たちの教育課程を編成する際の手引であるとされていた。1949(昭和24)年から検定教科書が使用され、それぞれの地域と子どもの現実を考えて教授方法や教育方法に創意工夫を凝らすことができるようになった。また教員については、戦前の師範学校を中心とした閉鎖的な養成制度を改めて、教育学部以外の他の学部を卒業しても教員免許状を取得できるようになった。

（2）戦後教育改革以後の展開

　1949年頃からアメリカとソ連の「冷たい戦争」の激化など、国際情勢の変化に伴い、アメリカの対日政策は保守的なものに変化していった。日本の国家体制が、国際情勢の影響を受けて社会主義化することを恐れていたからである。1952(昭和27)年の講和独立後は、国の権限や文部省の統制が強化され、戦後教育改革の「行き過ぎ」の是正が行われた。

　1960年前後の高度成長社会において、経済界から産業構造の変化に見合った労働力、つまり能力と適性に応じた教育と企業への適応心や帰属心を備えた質の高い労働力の育成が要請された。これに伴い、文部省は工業・商業科など高校の多様化、大学における理工学部の増設を進める施策を実施した。さらに1962(昭和37)年には、経済・産業・科学の発達にともなう中堅技術者不足を補う目的で、高等専門学校の制度を創設した。

　1970年代以降も高学歴人材への需要が高まり続け、また国民の経済力の向上

とも相まって、高等学校・大学への進学率は急増し、受験教育や進学教育が一層激化した。このような状況を反映し「詰め込み教育」や「落ちこぼれ」が多くの学校現場で危惧された。高等学校への進学率は、1954年ごろはようやく50％を超えたに過ぎなかったが、1965年頃には70％、1975年には92％、2000年には96％に達した。さらに大学（短期大学を含む）の大衆化も急激に進行し、1960年代までは進学率は20％だったが、1973年前後には30％代に達し、2009年には53％を超えた。

このような高学歴社会が進行する中で、1980年代以降は「偏差値偏重」の進路指導が問題となった。また高校の退学者が急増するなどした。さらに小学校・中学校では、校内暴力・いじめ・不登校・学級崩壊など、いわゆる教育の荒廃と称される事態が続いている。また、今日では2011年から小学校で新学習指導要領が実施され「確かな学力」の定着を目指して、その具体的な方策について様々な実践がされている。

学習課題

（1）古代から中世までの教育思想について、簡単に説明しなさい。

（2）近世の教育は、封建的な思想に基づき、その身分に応じた教育が展開されていました。それぞれの階層の教育について簡単に説明しなさい。
　① 幕府による官学について
　② 大名による藩校等について
　③ 庶民の教育について

（3）近代の教育について
　① 学制が定められたが、その理念の実現は困難であった。その事実と理由を、時代的な背景とともに述べなさい。
　② 明治時代に教育の国家主義化が推進されたが、その内容と社会的な背景を述べなさい。
　③ 大正時代の教育の進歩性と、その限界性について述べなさい。

④　昭和初期・大戦前の教育を、その社会的な背景と関連付けながら述べなさい。

【参考文献】
中田正浩編集『次世代の教職入門』大学教育出版　2011
安彦忠彦・石堂常世編者『最新教育原理』勁草書房　2011
林勲編者『教育の原理』法律文化社　2008
梶田叡一著『教育評価』有斐閣双書　2009

第4章

日本の教育行政

︙

　一般に「教育行政」ということばを聞いて明確なものを思い描くのは難しいのではないだろうか。

　「教育行政」という言葉を広辞苑で引いてみると、「各種の教育活動を組織し、一定の目標に向かって運営すること」とあり、続けて「主な教育行政機関に文部大臣・都道府県・市町村の教育委員会がある」と記されている。

　つまり教育行政の主体は、国と地方公共団体である。具体的には、国の場合、内閣および内閣総理大臣、文部科学省や文部科学大臣、関係省庁であり、地方公共団体の場合は、首長の知事や市町村長、教育委員会や教育長である。

　より具体的なことを述べれば、国の教育政策、国・地方の教育予算、教師養成と免許制度、教師の任用と身分、教育課程、教科書・教材等について学ぶのである。

　しかし、これらを一つの章（単元）として捉えることには、多少無理があるので、次の4点に絞って論述をしていくことにした。

　それらは、①教育行政の意味・目的、②教育行政組織の変遷と概要、③教育財政制度、④今後の教育行政である。

　この章（単元）では、これから教職を目指す学生にとって、学校教育は「教育行政」と直接的・間接的に深く関わっていることを学びとってほしい。

1. 教育行政の意味・目的

　江戸時代のように私的な団体の藩校や私人によって営まれていた私塾や寺子屋等の時代には教育行政は存在しなかった。明治時代に入り近代国家の成立とともに、天皇中心の中央集権国家体制の基礎を固めるために、教育が最重要手段となり、教育が国家によって運営されることとなった。

　教育行政の定義について、前頁で「教育に関する行政」と述べてはみたが、筆者もあまりにも意味のある定義には成りえていないように感じる。平原春好は「定義が比較的一般に受け入れられた時代があった」、引き続き「これに対して、この定義は同義語反復であり、定義としては不十分だとする批判が出された」と述べている。「それとても、いかなる点において教育「に関する」行政なのかについて説明がない限り、意味不明というほかはなく、定義としては不適当だといわざるを得ない」。引き続き教育行政に対して、教育行政の語が教育＋行政との合成語であれば、「教育行政は「教育を対象とする行政」であり、「教育を運営する行政」だという方がよい」と述べている。この教育は、制度としての教育を指しており、制度としての教育についての行政は、国（文部科学省）または地方公共団体の機関（教育委員会）によって行われるのである。

　また宗像誠也は、「教育行政とは権力の機関が教育政策を実現することだ」と定義した。また別の見方として「教育行政とは、国や地方公共団体による教育条件の整備」に限定されるべきだとする考え方もある。これは教育行政の役割についての規範を強調しており、定義としては間違ってはいないが教育行政そのものを正確に説明してはいない。

　教育行政に関する基本規定は、教育基本法第16条第1項「教育行政は、国と地方公共団体との適切な役割分担及び相互の協力の下、公正かつ適正に行われなければならない」と定められている。

　なお、国の義務として同条第2項に「全国的な教育の機会均等と教育水準の維持向上を図るため、教育に関する施策を総合的に策定し、実施」することであり、地方公共団体の義務は第3項に「その地域における教育の振興を図るた

め、その実情に応じた教育に関する施策を策定し、実施」することとされている。

また旧教育基本法では、教育行政を同法第10条第2項「教育の目的を遂行するに必要な諸条件の整備確立」を目標とするという表現が取り入れられた。上原貞夫は「このことは、たしかに、明治以来の国権主義的な教育行政観を克服するにとどまらず、従来の教育法規注釈に傾斜した教育行政研究に対して、新たな視野を開いたという意味で、高く評価できる」として、教育行政を「国家権力が中央・地方の政府を通じて特定の理想や目標に向かって、教育を組織し運営していく日常活動である」というのは的を射た定義であるが、もっと簡潔に表現するならば、それは「公権力による公教育を中心とした教育条件整備のための行政作用である」と述べている。

2．教育行政組織の変遷

（1）中央の教育行政組織

わが国の近代における公教育は1872（明治5）年の「学制」によって開始された。その前年の1871（明治4）年には明治政府は廃藩置県を断行して中央集権国家体制が敷かれ、同月18日には太政官布告によって、「教育事務総判シ、大中小学校ヲ管掌」［教育行政事務を総括し、学校を所管する機関］として、文部省が設置された。この時期までの文部省は、教育研究機関と教育行政機関との両方の機能を兼ね備えていたが、1872（明治5）年の「学制」第1章においては、「全国ノ学政ハ之ヲ文部一省ニ統フ」と明記され、日本の教育を一元的に統轄すべき国家機関として文部省には教育行政の権限が集中し、中央集権的教育行政制度が整備されていった。戦前の文部省は、中央集権、思想統制、軍国主義的色彩が非常に強かった（その後の日本の教育にかかわる変遷については、『次世代の教職入門』（中田正浩編著　大学教育出版　2012）の「第2章4. 近代の教育・教育機関」を参照すること）。

第二次世界大戦後は、中央集権的な国家運営は全面的に改められ、もちろん教育行政も次の三つの①法律主義、②地方分権、③一般行政からの独立を基本

に営まれることとなった。その法律主義とは、戦前の教育に関する基本的事項は、天皇の発する勅令（命令）によって定められていた。しかし戦後は、教育の基本的事項は法律で規定するとともに、国会で定められた法律に基づいて教育行政が実施されることになった。具体的には、「日本国憲法」第26条第1項は、「すべて国民は、法律の定めるところにより、その能力に応じて、ひとしく、教育を受ける権利を有する」と規定し、「教育基本法」第18条では「この法律に規定する諸条項を実施するため、必要な法令が制定されなければならない」とあるように、必要な法律を定めるべき事が規定されている。

　二つ目の地方分権については、アメリカ教育使節団が新しい地方教育行政制度として次のような基本的原理の変更を命じる中で述べている。①戦前の中央集権制を改めて地方分権化を図ること、②文部省を専門的な指導助言機関とすること、③地方教育行政機関は民衆の公選制によること、④教育行政を一般行政から独立させて、教育の自主性を確保することなどの4点を指摘した。

　この指摘された内容が教育行政組織関係の法制上よく具体的な形に表れているのが、1948（昭和23）年の「教育委員会法」であり、ついで1949（昭和24）年の「文部省設置法」である。ところで、戦後の教育行政の基本的在り方については、すでに1946（昭和21）年の日本国憲法の第23条の「学問の自由」や第26条の「教育を受ける権利、教育を受けさせる権利、義務教育の無償」等の教育関係の事項が定められており、直接的には1947（昭和22）年の教育基本法の第10条「教育行政」に基づいて方向付けがなされていた。

　三つ目の一般行政からの独立については、地方分権のところでも述べたように教育行政を一般行政から独立させて、教育の自主性を確保することである。もう少し詳細に述べると一般的に地方の行政事務について国の関与を排除し、これを地方公共団体に任せ、地方住民の意思に基づいて処理をすることである。

　中央教育行政機関としての文部省は、前述の改革基本方針によって、以前からの中央集権方式や指揮・監督の色彩を払拭し、教育・学術・文化に関する指導・助言や協力・援助たる機関として、1946（昭和21）年に新たに出発をした。

　2001（平成13）年1月の中央省庁再編により、それまでの文部省と科学技術庁（1956（昭和31）年に設置）が統合されて文部科学省（以下、文科省）となった。

文科省の役割は、「文部科学設置法」第3条に「教育の振興及び生涯学習の推進を中核とした豊かな人間性を備えた創造的な人材の育成、学術、スポーツ及び文化の振興並びに科学技術の総合的な振興を図るとともに、宗教に関する行政事務を適切に行うことを任務とする」と定めている。

その文科省は、本省と外局（文化庁）からなり、本省には文部科学大臣の下に副大臣、大臣政務官（各2人が置かれ、国会議員が就任）、事務次官、文部科学審議官を置き、内部の部局として、大臣官房と七つの局（生涯学習政策局、初等中等教育局、高等教育局、科学技術・学術政策局、研究振興局、研究開発局、スポーツ・青少年局）、国際統括官が置かれている。その下には部や課が設けられている（図4-1を参照）。また外局（文化庁）は、長官官房、文化部、文化財部、特別の機関が置かれている。

文部科学大臣は、総理大臣によって任命され、文科省の長であるとともに、内閣を構成する国務大臣でもある。文部科学大臣が有する権限は、「国家行政組織法」第10条「機関の事務を統括し、職員の服務について、これを統督する」こと、同法第11条「行政事務について、法律もしくは政令の制定、改正又は廃止を必要と認めるときは案をそなえて、内閣総理大臣に提出して、閣議を求め」ること、同法第12条第1項「行政事務について、法律もしくは政令を志向するため、又は法律もしくは政令の特別の委任に基づいて、それぞれその期間の命令として省令を発すること」、同法第14条第1項「所掌事務について、公示を必要とする場合においては、告示を発すること」、同法第14条第2項「所掌事務について、命令又は示達するため、所管の諸機関及び職員に対し、訓令又は通達を発すること」などである。

文科省の所掌事務としては、

① 教育（学校教育及び社会教育）、学術または文化に功績のある者の顕彰に関すること。
② 基本的な文教政策について、調査し、および企画すること。
③ 所掌事務にかかる調査統計を行い、必要な資料を収集し、解釈し、及びこれらの結果を利用に供すること。
④ 外国の教育事情について、調査研究を行い、およびその結果を利用に供

図4-1　文部科学省の組織図（平成22年4月1日現在）

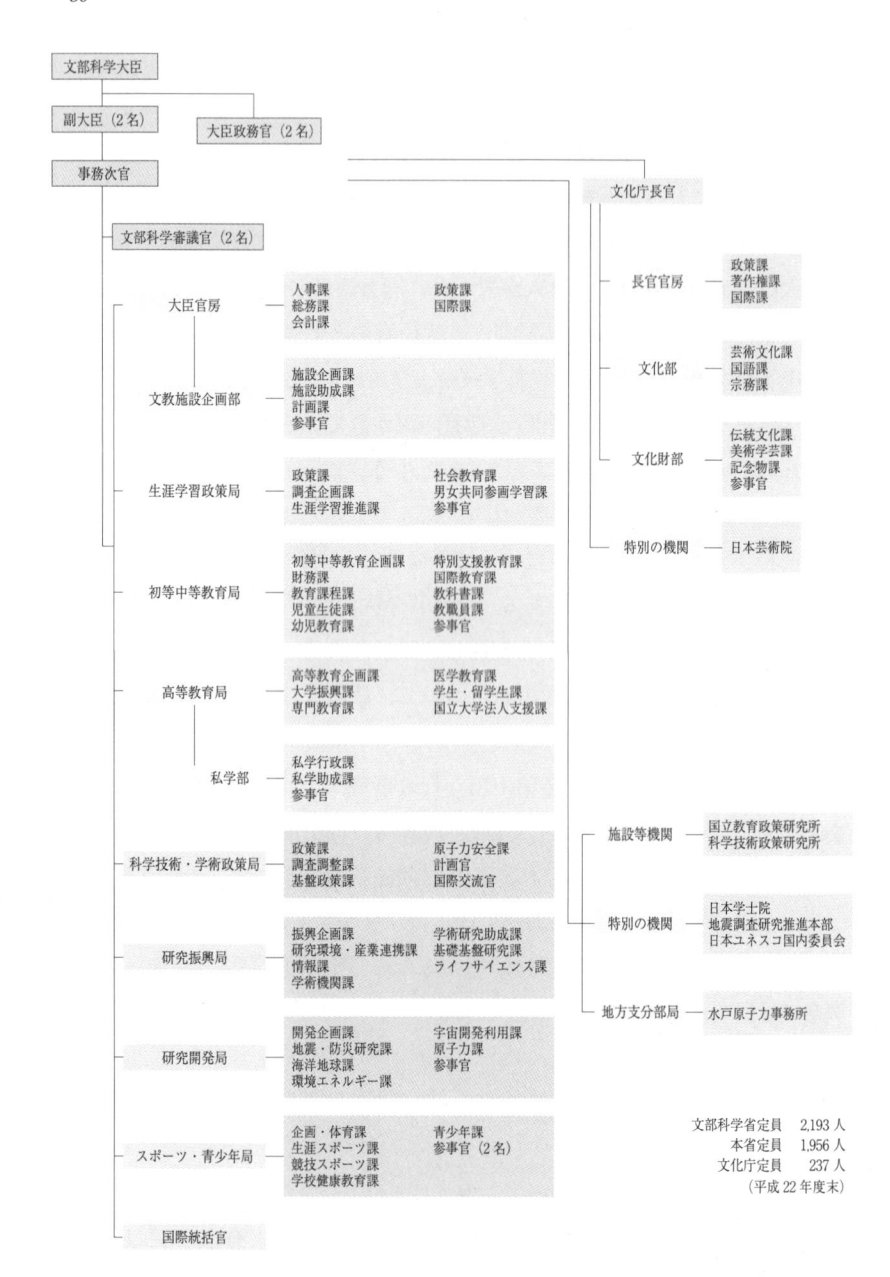

- 文部科学大臣
  - 副大臣（2名）
  - 大臣政務官（2名）
  - 事務次官
    - 文部科学審議官（2名）
    - 大臣官房
      - 人事課
      - 総務課
      - 会計課
      - 政策課
      - 国際課
    - 文教施設企画部
      - 施設企画課
      - 施設助成課
      - 計画課
      - 参事官
    - 生涯学習政策局
      - 政策課
      - 調査企画課
      - 生涯学習推進課
      - 社会教育課
      - 男女共同参画学習課
      - 参事官
    - 初等中等教育局
      - 初等中等教育企画課
      - 財務課
      - 教育課程課
      - 児童生徒課
      - 幼児教育課
      - 特別支援教育課
      - 国際教育課
      - 教科書課
      - 教職員課
      - 参事官
    - 高等教育局
      - 高等教育企画課
      - 大学振興課
      - 専門教育課
      - 医学教育課
      - 学生・留学生課
      - 国立大学法人支援課
      - 私学部
        - 私学行政課
        - 私学助成課
        - 参事官
    - 科学技術・学術政策局
      - 政策課
      - 調査調整課
      - 基盤政策課
      - 原子力安全課
      - 計画官
      - 国際交流官
    - 研究振興局
      - 振興企画課
      - 研究環境・産業連携課
      - 情報課
      - 学術機関課
      - 学術研究助成課
      - 基礎基盤研究課
      - ライフサイエンス課
    - 研究開発局
      - 開発企画課
      - 地震・防災研究課
      - 海洋地球課
      - 環境エネルギー課
      - 宇宙開発利用課
      - 原子力課
      - 参事官
    - スポーツ・青少年局
      - 企画・体育課
      - 生涯スポーツ課
      - 競技スポーツ課
      - 学校健康教育課
      - 青少年課
      - 参事官（2名）
    - 国際統括官
  - 文化庁長官
    - 長官官房
      - 政策課
      - 著作権課
      - 国際課
    - 文化部
      - 芸術文化課
      - 国語課
      - 宗務課
    - 文化財部
      - 伝統文化課
      - 美術学芸課
      - 記念物課
      - 参事官
    - 特別の機関 ― 日本芸術院
  - 施設等機関
    - 国立教育政策研究所
    - 科学技術政策研究所
  - 特別の機関
    - 日本学士院
    - 地震調査研究推進本部
    - 日本ユネスコ国内委員会
  - 地方支分部局 ― 水戸原子力事務所

文部科学省定員　2,193人
本省定員　1,956人
文化庁定員　237人
（平成22年度末）

図4-1　文部科学省の組織図（平成22年4月1日現在）
（出典：文部科学省白書より）

すること。
⑤　所掌事務にかかる年次報告、要覧、時報等を編集し、および頒布すること。

という総括的な事務をはじめとして、学校教育、学術・研究、文化、社会教育、文化施設などに関する事項に至る合計103項目が文部省設置法第3条に列挙されている。

また、所掌事務を遂行するための文科省の権限についても、
①　教育、学術及び文化の振興に関し、調査し、および企画すること。
②　教科用図書の検定を行うこと。
③　義務教育諸学校において使用する教科用図書の発行者の指定を行うこと。

など、25項目が「文部省設置法」第6条1項に列挙されている。

本省にはまた、文部科学大臣の諮問機関として、審議会や審査会、調査会などという名称の機関が設置されている。具体的には、中央教育審議会をはじめ、教科用図書検定調査審議会、大学設置・学校法人審議会、科学技術・学術審議会などがある。

その中でも、中心的な位置を占めるのが中央教育審議会である。中央教育審議会には、教育制度分科会、生涯学習分科会、初等中等教育分科会、大学分科会、スポーツ・青少年分科会などが置かれ、その下にまた部会が置かれている。例えば、初等中等教育分科会には教育課程部会が置かれ、さらにその中に教科別等の専門部会が置かれ、そこでは学習指導要領の改訂の際には、委員間で活発な審議が行われている。選ばれる委員は、大学等の教員、地方教育行政・自治体・経済団体・スポーツ団体等の関係者である。

（2）地方の教育行政組織

1945（昭和20）年のポツダム宣言の受諾により、日本は連合国に降伏し、長年続いた戦争に終止符が打たれた。そして、連合国軍最高司令官のマッカーサーによる5大改革が指示され、その改革の一つに「教育制度の自由主義的改革」があった。

具体的には、教育に関しても地方自治の原則が採用され、それまで長期間にわたって教育は国の事務であったものが、基本的に地方への事務に移管されることになった。

わが国の地方教育行政機関としての教育委員会は、GHQによりアメリカの教育委員会制度が導入されて設置された。1948(昭和23)年には「教育委員会法」(旧法)が制定されたが、教育委員の選出を直接選挙(公選制)によるものとした。教育長は教員免許状と同様に教育長免許状の取得を必要とし、教育長は、資格を有する者の中から選任にされた。

しかし、1956(昭和31)年「教育委員会法」に代わっての「地方教育行政の組織及び運営に関する法律」(略称：地方教育行政法)が制定されると、教育長の免許・資格制度は廃止され、教育委員の選出は地方公共団体の長が議会の同意を得て任命されることになった。また、財政に関する自主権もなくなり、文科省と地方公共団体の教育委員会との間の指揮監督権は強化された。

教育長と教育委員会事務局との関係で、教育長は教育委員会の指揮監督の下に、教育委員会の所掌事務の執行にあたる。また教育長は当該教育委員会の委員(委員長を除く)の中から教育委員会が任命する。そして、教育長は任期中在任するものとしている。身分としては、常勤の一般職の地方公務員である。

教育委員会の事務局に置かれている職員として、専門的教育職員として指導主事・社会教育主事等が置かれ、教職員人事に関する事務に専門的に携わる職については管理主事が置かれている。以上のほかには、事務職員・技術職員その他所要の職員が置かれている。

教育委員会の職務権限の詳細については、その「地方教育行政法」第23条に19項目があげられている。

① 教育委員会所管の学校その他の教育機関の設置、管理及び廃止に関すること。
② 学校その他の教育財産の管理に関すること。
③ 教育委員会および学校その他の教育機関の職員の任免その他の人事に関すること。
④ 学齢生徒および学齢児童の就学ならびに生徒・児童および幼児の入学、

転学および退学に関すること。
⑤ 学校の組織編制、教育課程、学習指導、生徒指導、および職業指導に関すること。
⑥ 教科書その他の教材の取扱いに関すること。
⑦ 校舎その他の施設および教具その他の設備の整備に関すること。
⑧ 校長、教員その他の教育関係職員の研修に関すること。
⑨ 校長、教員その他の教育関係職員ならびに生徒、児童および幼児の保健、安全、厚生および福利に関すること。
⑩ 学校その他の教育機関の環境衛生に関すること。
⑪ 学校給食に関すること。
⑫ 青少年教育、女性教育および公民館の事業その他社会教育に関すること。
⑬ スポーツに関すること。
⑭ 文化財の保護に関すること。
⑮ ユネスコ活動に関すること。
⑯ 教育に関する法人に関すること。
⑰ 教育に係る調査および指定統計その他の統計に関すること。
⑱ 所掌事務に係る広報および所掌事務に係る教育行政に関する相談に関すること。
⑲ そのほか、当該地方公共団体の区域内の教育事務に関すること。

　教育委員会事務局の組織や職務内容を具体的に大阪府教育委員会のHP（図4-2）から教育委員会制度をひもといてみると、「教育委員会は知事や市町村長から独立した行政委員会で、学校その他の教育機関を管理し、学校の組織編制、教育課程、教科書その他の教材の取扱い及び教育職員の身分取扱いに関する事務を行い、並びに社会教育その他教育、学術及び文化に関する事務を管理し及びこれらを執行している」と記載されている。

　ここでいう行政委員会とは、教育委員会をはじめとして公安委員会や選挙管理委員会、収容委員会などは知事部局の管理下にあらず、職務内容に中立性を持たせる意味でも独立をさせている。

　大阪府教育委員会は、6人の教育委員で組織され、合議により教育の基本方

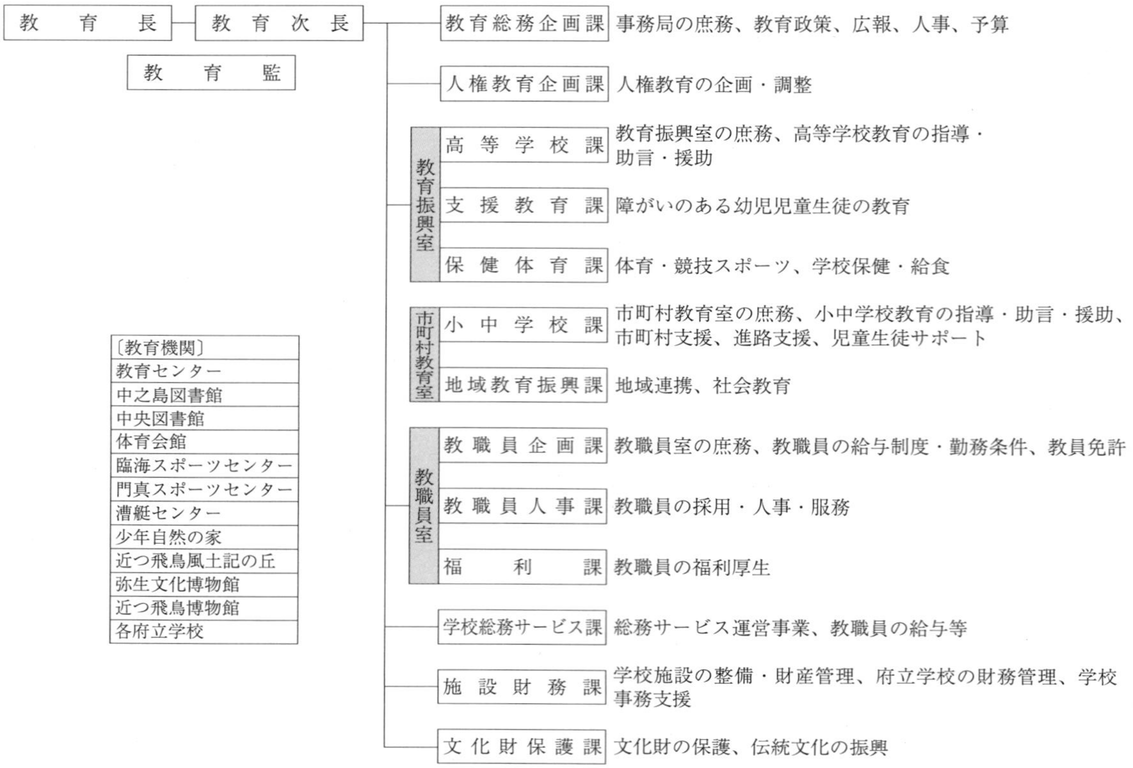

図4−2 大阪府教育委員会事務局の組織図

教育長 ─ 教育次長 ─ 教育監

- 教育総務企画課：事務局の庶務、教育政策、広報、人事、予算
- 人権教育企画課：人権教育の企画・調整

[教育振興室]
- 高等学校課：教育振興室の庶務、高等学校教育の指導・助言・援助
- 支援教育課：障がいのある幼児児童生徒の教育
- 保健体育課：体育・競技スポーツ、学校保健・給食

[市町村教育室]
- 小中学校課：市町村教育室の庶務、小中学校教育の指導・助言・援助、市町村教育支援、進路支援、児童生徒サポート
- 地域教育振興課：地域連携、社会教育

[教職員室]
- 教職員企画課：教職員室の庶務、教職員の給与制度・勤務条件、教員免許
- 教職員人事課：教職員の採用・人事・服務
- 福利課：教職員の福利厚生

- 学校総務サービス課：総務サービス運営事業、教職員の給与等
- 施設財務課：学校施設の整備、財産管理、府立学校の財務管理、学校事務支援
- 文化財保護課：文化財の保護、伝統文化の振興

[教育機関]
教育センター
中之島図書館
中央図書館
体育会館
臨海スポーツセンター
門真スポーツセンター
漕艇センター
少年自然の家
近つ飛鳥風土記の丘
弥生文化博物館
近つ飛鳥博物館
各府立学校

針を決定している。

　2007(平成19)年の「地方教育行政法」改正以降、教育委員の人数は原則5名、ただし6名以上も可、町村の場合は3名以上の委員でもよいこととなった。教育委員会は具体的に、次のような仕事をしている。
・学校の教育課程・学習指導・進路指導に関すること。
・公立学校、その他の教育機関の設置・管理・廃止に関すること。
・教育委員会・学校その他の教育機関の職員の人事に関すること。
・社会教育の振興に関すること。
・体育・スポーツの振興に関すること。
・文化財の保護に関すること。
・大阪府内の市町村教育委員会に対する指導や助言。
(大阪府立大学や私立学校に関する仕事は府民文化部私学・大学課で行っている)

3．教育財政制度

　国の予算（図4-3）とは、国家を運営するための予算である。詳細に述べると、内閣（政府）、国会及び裁判所等の機関が活動する際に、必要とするお金（収入・支出）のことである。これらの機関の予算は、人件費、活動費、施設運営費、事業費や各種団体等への補助金などに充てられる。

　国の予算は、4月から翌年の3月までの間を会計年度と呼び、収入総額に見合った範囲内で、各々の機関が仕事を実施していくのである。

　2012(平成24)年度の国家予算案閣議決定を見ると、一般会計は90兆3,339億円（前年度予算額の2.2％減）である。その財源の内訳は、税収が42兆460億円で、税外収入3兆7,439億円、不足分の44兆2,440億円は国債発行（国債依存度は49％）で調達する予定である。歳出総額は96兆6,975億円で前年を上回る歳出になりそうである。国の支出は、国債発行で賄うものではなく本来的な収入で賄わなくてはならない。

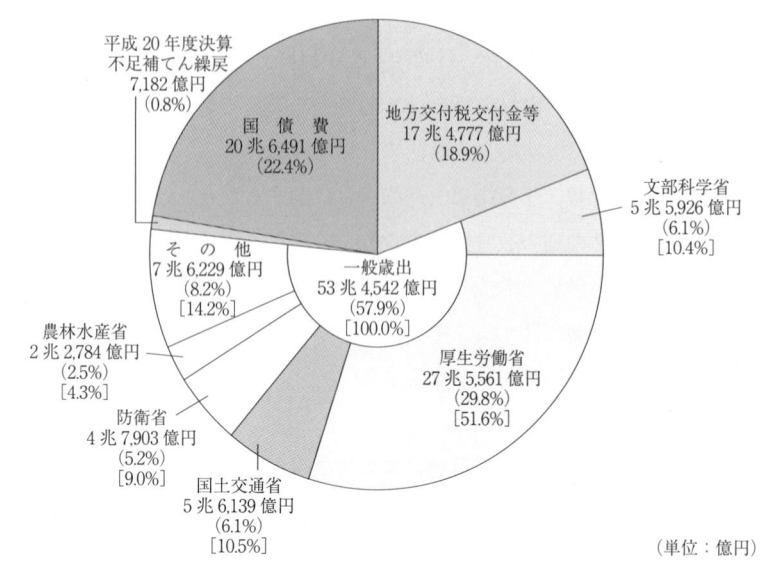

```
                           平成 20 年度決算
                           不足補てん繰戻
                           7,182 億円
                           (0.8%)
                                      国 債 費             地方交付税交付金等
                                   20 兆 6,491 億円         17 兆 4,777 億円
                                      (22.4%)                (18.9%)
                                                                              文部科学省
                                                                             5 兆 5,926 億円
                                                                               (6.1%)
                                                                               [10.4%]
              そ の 他        一般歳出
             7 兆 6,229 億円   53 兆 4,542 億円
               (8.2%)        (57.9%)
               [14.2%]       [100.0%]
       農林水産省
      2 兆 2,784 億円                                          厚生労働省
         (2.5%)                                            27 兆 5,561 億円
         [4.3%]                                              (29.8%)
                                                              [51.6%]
           防衛省
        4 兆 7,903 億円
           (5.2%)
           [9.0%]
                    国土交通省
                   5 兆 6,139 億円
                      (6.1%)
                      [10.5%]
                                                                 (単位：億円)
```

(注) 1 （ ）は、国の予算全体に対する割合である。
    2 ［ ］は、一般歳出に対する割合である。

図 4 - 3　国の予算
(出典：文部科学省白書 2010)

（1）国の教育予算

　国の教育財政は、国の教育予算（図 4 - 4）、具体的には文部科学省関係の予算、つまり「文教及び科学振興費（2012(平成24)年度・5 兆4,057億円）」によって見ることができる。

　文教及び科学振興費の内訳は、義務教育費国庫負担金（教職員の人件費が中心）、科学技術振興費（研究費補助・独立行政法人経費）、文教施設費（義務教育学校の施設）、教育振興助成費（4 学を含む学校教育助成・スポーツ助成）、育英事業費（日本育英会の事業経費）等を上げることができる。これらを見てみると、国が直接使うものではなく、地方公共団体や国立大学法人、私立学校への支出が顕著である。

　国の教育予算の約 3 割（2012(平成24)年度、28.8％）を占める義務教育費国庫負担金支出の名目は、「義務教育費国庫負担法」第 1 条「義務教育について、義務教育無償の原則に則り、国民のすべてに対しその妥当な規模と内容とを保

第4章　日本の教育行政　57

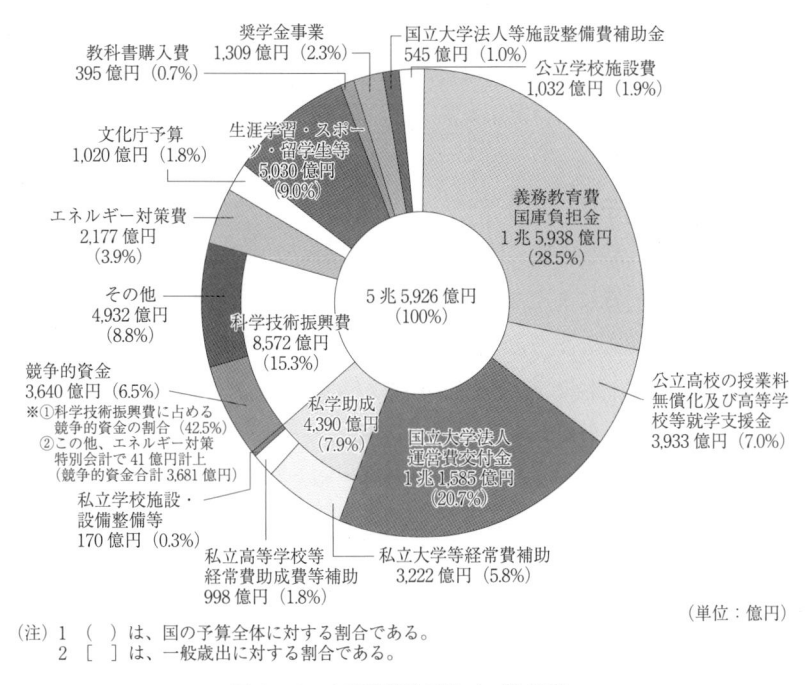

図4-4　文部科学省予算（一般会計）
(出典：文部科学省白書2010)

（注）1　（　）は、国の予算全体に対する割合である。
　　　2　［　］は、一般歳出に対する割合である。

障するため、国が必要な経費を負担することにより、教育の機会均等とその水準の維持向上とを図ることを目的」によるものである。義務教育国庫負担金は当初、義務教育の整備充実とくに教員の待遇改善という性格を持っていた。

　義務教育費国庫負担制度は、公立義務教育諸学校の教職員給与費を都道府県の負担とした上で、国が都道府県の実支出額の1／2を負担する制度であった。しかし、2006（平成18）年から国庫負担が1／3に変更された。本来市町村立の義務教育学校の教職員の給与は、市町村が負担すべきものである。しかし、市町村間では財政格差が大きいので、教職員の給与の地域格差、ひいては、義務教育の質の格差が生じないために必要な財政措置である。

　以上述べてきたことは、「教育基本法」第16条第2項「国は全国的な教育の機会均等と教育水準の維持向上を図るため、教育に関する施策を総合的に策定し、実施しなければならない」こと、同法同条第4項「国及び地方公共団体は、

教育が円滑かつ継続的に実施されるよう、必要な財政上の措置を講じなければならない」こと、教育に関する施策の実施と必要な財政上の措置を講じなければならないことを義務付けている。

(2) 地方の教育予算

地方公共団体(都道府県・市町村)の予算においても、国の場合と同様に住民のために仕事を行うにあたって必要なお金は、収入である税金が原則である。

しかし、国の場合と異なるのは、地方公共団体が仕事を行うために税金だけで賄おうとすれば、各々に税金収入の格差が生じてくるので、その格差を埋めるために国は地方交付税交付金を地方公共団体に交付するのである(図4-5)。

2012(平成24)年度の一般会計歳出における地方交付税交付金は16兆5,940億円(歳出の18.4％)であり、地方公共団体の収入総額においても、大きな比重を占めている。

(単位：百万円)

県予算と 教育委員会予算	平成23年度 当初予算 A	平成22年度 当初予算 B	増　減 A－B	対前年度比 A／B
県予算(一般会計)	660,197	664,863	▲ 4,666	99.3％
教育委員会予算	158,146	159,014	▲ 850	99.5％

その他(17.8％) 117,876
農林水産業費(5.5％) 36,157
総務費(6.1％) 40,083
警察費(6.9％) 45,454
土木費(9.4％) 62,067
民生費(14.6％) 96,750
公債費(15.7％) 103,646
教育委員会予算(24.0％) 158,164

内訳

〈目的別(割合)〉

教育総務費	12.7％
小学校費	36.0％
中学校費	20.8％
高等学校費	20.8％
特別支援学校費	7.8％
社会教育費	1.7％
保健体育費	0.2％

〈分類別〉

基準行政運営費のうち、		
人件費	93.3％	147,568
それ以外の経費	6.7％	10,596

図4-5　岡山県の予算と教育委員会予算
(出典：「平成23年度教育施策の概要―岡山県教育振興基本計画アクションプラン―」p.38)

1）都道府県・市町村の収入の主なものは、次のとおりである。
・税金（住民税・事業税等）（市町村の場合、固定資産税・住民税等）
・地方交付税交付金等
・国からの負担金、補助金等（義務教育費国庫負担金等）
・地方債
・その他（都道府県立高等学校の授業料等）
2）都道府県・市町村の支出の主なものは、次のとおりである。
・教育費（市町村立小・中学校の教職員給与費・都道府県立高等学校の経費）
・土木費（道路・河川・橋・都市計画等）
・公債費（借金の返済費・利子払いも含む））
・民生費（社会福祉・老人福祉・児童福祉等）
・農林水産業費
・警察費
・その他
市町村の支出内容では、上記以外に総務費や衛生費が計上されている。

4．今後の教育行政の在り方

　本章を執筆しているときに、大津市の市立中学校2年生の男子生徒（当時13歳）が飛び降り自殺をしたことで、男子生徒の遺族が市などを相手取り損害賠償を求めた訴訟問題が、テレビ・新聞等のマスコミに大きく取り上げられた。
　この問題では、いじめに関する調査や情報公開の不十分さなど、教育長を筆頭に大津市教育委員会および中学校の教職員の対応のまずさが浮かび上がってきた。
　大津市教育委員会の最高意思決定機関である定例会が、昨年（平成23年）の11月と12月に開催され、そこでいじめの報告がされているにもかかわらず、委員からの意見や質問は一切なかったことが議事録で明らかになっている。本来、教育委員は、そこにメスを入れるのが仕事だが、これでは身内をかばい

合っていると世間から見られてもいたしかたない。

　前述したことであるが、教育委員会は制度上、自治体の教育行政の最高責任を負うが、教育長以外の首長に任命された5人の教育委員で構成されることが原則となっている。教育長以外の委員は、非常勤で、形骸化も以前から指摘されている。この大津市教育委員会の例から見ても、現行の教育委員会制度が機能していない象徴例でもある。

　かつて筆者は、アメリカのテネシー州ナッシュビル市の教育委員会を訪問したことがある。ナッシュビル市の教育長はキューバからの亡命者であり、教育委員は保護者から選出され、教育委員会の廊下には教育委員の肖像写真が掲示されていた。日本の教育委員会制度は、アメリカの教育行政を参考に誕生したのであるが、約60年を経過した今、制度疲労を起こしているのではないだろうか。

　このような問題が生じる以前に、昭和53年ごろ教育委員の選任方法で東京都中野区において、その選任に対して区民投票を実施し、区長はその結果を尊重するという「教育委員準公選制」の実施を求める動きがあった。同区議会はこの条例を可決したが、当時の文部省は違法であるとの見解をとった。その後、条例が改められ区民投票は4回実施されたが、平成7年1月に条例は廃止された。東京都中野区と同様に、大阪府高槻市でも昭和59年7月に教育委員の準公選制と同趣旨の条例の制定を求める住民の直接請求がなされたが、議会は拒否をした。

　この事例だけではなく、某知事が教育委員会を「クソ教育委員会」と発言したことからも、「教育委員会不要論」がこの事件を契機に再燃されるのではないだろうか。教育委員会制度については、以前からその形骸化が指摘され、活性化論と廃止・縮小論が展開されてきた。

　かつて、2001年に埼玉県志木市の市長に就任した保坂邦夫氏は『教育委員会廃止論』（弘文堂　2005）を主張し、全国的に注目され教育分野において多くの改革を成し遂げている。

　保坂氏の取り組みの一つは、全国に先駆けて少人数学級実現への取り組みであった。国が定める学級編成基準は1クラス40人（「公立義務教育諸学校の学級編成及び教職員定数の標準に関する法律」）であったが、保坂氏は埼玉県教

育委員会に要望書を3段階に分けて提出をした。第1段階は、小学校1・2年生の学級編成を25人程度にし、そのための教員給与費の半分を県で負担する内容であった。第2段階では第一段階の要望を拒否された場合、志木市で教員人件費を負担し県に同意をお願いするという内容であった。第3段階は、第一・第二の要望を拒否されても志木市単独で実施するが、そのことに対しての罰則があれば、事前に開示をしてほしいと要望した。その結果、志木市負担教員は学級担任にしないという条件で認められることになった。

二つ目の取り組みは、不登校の児童生徒の自宅に先生を派遣するというホームスタディ制度（サクランボプラン）や社会に出てから再び勉強をしたくなった方への取り組みとしてリカレント教室、市独自の学校経営協議会（文科省提唱の運営評議会を前進させたもの）などを実現させた。

一方、保坂氏は著書『教育委員会廃止論』の中で教育委員会の「必置規定」の廃止を問われたのであるが、その「廃止論」は教育委員会制度を継続するならば、しっかりと機能する制度であらねばならないと述べ、教育委員会の再生、新生を求めているのである。

筆者も、かつては教育行政の指導主事として市・府の教育委員会に勤務していた時に感じた現行の教育委員会制度の問題点として、文科省は自治体を「指導助言」するとしているが、実際には「命令」であり、理念と実態が乖離していることが挙げられる。

また教育委員会は地方公共団体の首長から独立していると言いながらも、独自の財政権が与えられているわけでもなく、教育委員についても首長が議会の同意を得て任命している（任命制）。このように任命された教育委員（一般的に医師・大学教員・企業経営者などが多い）は、これでは教育委員が専門的技術的立場から教育委員会事務局を指導できるのかはなはだ疑問である。

保坂氏は、「教育委員会の委員長は『座長』、教育長は『事務長』で、どちらも責任者の立場ではない。市長は教育行政の独立の建前から責任者になれない。素人の合議制の教育委員会が、責任を負うことができるのか？」と述べている。筆者が校長であった8年間のうち教育委員が学校に視察に来たことはなかった。一般的に教職員も自分が所属する自治体の教育委員の顔と名前が一致する

ことは、あり得ないことである。このことからも、教育委員の存在価値についてもっと議論すべきである。

さらにいえば、文科省のトップの大臣も政党に所属する政治家であり、部下の政務三役（副大臣・大臣政務官・文部科学審議官）についても、政権担当が現在のように民主党であれば教職員団体代表者（具体的には日教組）が文部科学省の中枢を担う恐れもあり、これでは政治的中立性が危うくなり教育の中立性を担保することができない。

教職課程で学ぶ学生は、常に日本の教育行政の中心である中央の文科省や地方の教育委員会の教育政策を、教員採用テストのためだけに学ぶのではなく、大学生活の４年間関心を持ち続けることを願い、この章を閉じたい。

学習課題

（1）教育行政の定義について、まとめてみよう。
（2）日本の教育財政と欧米の教育財政を比較して、日本の教育財政は果たして健全なのか、資料を検索・収集してまとめてみよう。
（3）文科省と都道府県教育委員会の所掌事務と権限についてまとめてみよう。
（4）教育委員会と教育委員の存在価値について、自分の考えをまとめてみよう。
（5）この章のなかに記載されている、教育関係の法規については、各自で目を通しておこう。

【参考文献】

黒崎勲『教育行政学』岩波書店　1999
神田修編著『教育法と教育行政の理論』三省堂　1993
平原春好『教育行政学』東京大学出版会　2006
渡部蓊『教育行政』日本図書センター　2004
名和弘彦編著『教育行政学』福村出版　1982
高橋靖直ほか著『教育行政と学校・教師』玉川大学出版部　2004

第5章

教育課程と教育方法

:

　本章では、教育課程を、その意義、編成方法とそのあり方から述べている。また、教育方法については、読者であるみなさんが実際に教職についた際に役立つように、教師がどのような授業を目指していくべきなのかということを重視して述べている。そのため、本章では、「教育評価への正しい理解」「今、求められている授業のあり方」「児童・生徒理解」の3つの観点から教育方法を述べている。

　本章は、子どもたちに確かな学力、生きる力を育むためには、重要な内容を取り上げた章になっている。読者のみなさんの主体的で積極的な学びを期待し、そのお役に立つことができれば幸いである。

1. 教育課程の意義

　教育課程は、学校が、子どもたちにどのような能力を、どのような教育内容と順序をもって教えようとしているのかを示す全体計画である。いわば、子どもたちの学びと育ちの道筋ともいえるものである。

　教育というものは計画的でなければならない。それは、思考力・判断力・表現力、関心・意欲・態度といった、生きる上で重要となる高次の能力をどう育てるのかということを考えてみればわかる。これらの能力を育てるには、知識・理解、技能に比べて長い時間が必要となる。その営みを、思いつきや行き当たりばったり、出た所勝負で取り組んでよいはずがない。そこには、確かで豊かな学力観、能力観の下で、計画的に粘り強く取り組む学校、教師の姿が求められる。

　教育課程編成の努力なしには、子どもたちの確かで豊かな成長は実現できない。例えば、教育課程の編成方向を誤った国は、その結果として自国の国力をみすみす落とさなければならない羽目に陥る。それほど、教育課程が及ぼす社会的影響は大きい。子どもたちを育てるためには、出口を見据えた確かで豊かな教育課程が不可欠である。子どもたちを育てる確かで豊かな教育は、教育課程というレールがきちんと敷かれていてこそ初めて追究できる。レールがなければ、授業や教育という名の列車は走ることができない。

　なお、カリキュラムと教育課程を同義とする論と分けて扱う論がある。一般的に考えれば、教育課程とカリキュラムを分ける必要は少ないと考える。しかし、例えば、学習指導要領をどのような立場から改訂すべきかといった、根本的な議論をしようとする場合には、両者を分けて考えることが必要となることも述べておく。

2．日本の教育課程と現行学習指導要領

　日本の小学校、中学校、高等学校、中等教育学校の教育課程は、法令と文部科学大臣が公示する学習指導要領に基づいて編成される。

　学習指導要領は、学校教育施行規則によって教育課程編成の基準としての法的拘束力をもつとされている。学習指導要領の法的拘束力については、異議を唱える論もあるが、現実的には法的拘束力を否定するまでには至らない。

　学習指導要領は、おおよそ10年に1回の改訂を行ってきている。高度経済成長、非行問題、いじめ、登校拒否、学級崩壊、学力低下と、その時々の教育問題、社会問題に対応したり、教育に対する社会からの要請に応えたりすることが学習指導要領には求められる。その影響もあって、改訂の度に、見る・聞く・話すを中心にした「経験主義」と読み・書き・計算を中心にした「系統主義」の間を振り子のように揺れてきた。そして、学習指導要領が改訂される度に、日本の教育課程は大きな影響を受けてきた。改訂後との主旨をしっかりと学習するとともに、各教師には、自身の研修と研究を通して、「教育とはどうあるべきか」という不易の問いに対する自分の解答を磨いていく姿勢が、基本的に求められているといえる。

　前学習指導要領は、「ゆとり教育」を謳った結果、日本の子どもたちに「低学力」を広げたとして見直しをされた。現行の学習指導要領は、「教育基本法」の改正を受け、教育を不易の観点でとらえようとするものであり、日本の教育課題を見据えた本格的な学習指導要領である。したがって、学校、教師は、今回の学習指導要領をしっかりと学ぶ必要がある。そのためには、学習指導要領はもちろん、「幼稚園、小学校、中学校、高等学校及び特別支援学校の学習指導要領の改善について」（平成20年1月17日中央教育審議会答）は必読である。

3．教育課程の編成

(1) 日本の教育課程を構成するもの

現行小学校学習指導要領解説総則編は、「学校において編成する教育課程は、教育基本法や学校教育法をはじめとする教育課程に関する法令に従い、各教科、道徳、外国語活動、総合的な学習の時間及び特別活動についてそれらの目標やねらいを実現するよう教育の内容を学年に応じ、授業時数との関連において総合的に組織した各学校の教育計画である」と述べている。ここから、以下のことがわかる。

まず、学校において編成する教育課程は、「各教科」と「道徳、外国語活動、総合的な学習の時間及び特別活動」という教科外とによって構成されているということである。

次に、教育課程には「目標やねらい」があり、「教育内容」は、目標やねらいを「実現する」ためにあるということである。

そして、教育課程とは、教科と教科外がもつ目標やねらいを実現するために、教育内容を「学年に応じ、授業時数との関連において総合的に組織した各学校の教育計画」であるということである。

これらの点から、教育課程の編成においては、

① 教育目標の設定
② 指導内容の組織
③ 授業時数の配当

の３つの要素を有機的に関連させて計画化していくことが必要となる。

(2) 教育課程の編成

では、教育課程の編成には、どのような原則が求められるのであろうか。通常、以下の５つのポイントがその原則として考えられる。

① 法令及び学習指導要領に従う。
② 児童・生徒の人間としての調和のとれた育成を目指す。

③ 地域や学校の実態を考慮する。
④ 児童・生徒の心身の発達段階、その特性を考慮する。
⑤ 「生きる力」を育む特色ある教育活動を展開する。

　これらのポイントをふまえ、教育課程は、学校がその主体性をもって編成する責任がある。校長が主体的責任者となって教育課程を編成することになるが、各教師は、その作業が全教職員の主体性によって行われなければならないことを自覚しておく必要がある。つまり、教育課程の編成は「自分ごと」であり、「人ごと」ではないということである。

　また、③、④、⑤を見れば、学校、教師に実態に対する十分な分析能力とその上での企画力、創造力が求められていることがわかる。中でも、実態分析は重要である。目の前の子どもたち、地域や学校の実態を分析できない学校、教師は、教育課程編成の能力を有していないといっても過言ではない。実態分析が不十分なものであれば、実態に対する取組やその企画も連動して不十分なものとなる。実態を十分に議論し、自校の子どもたち、地域、学校の長所と短所を明確にし、長所を武器に、短所を克服すべき課題としてとらえることができなければ、「特色ある教育活動」が単に奇を衒ったものとなってしまう危険性が生まれる。

(3) 教育課程編成の手順
　教育課程編成の手順とポイントは、以下のように考えられる。
① 教育課程編成の学校の方針を明確にし、それを全教職員が理解できること。
② 教育課程編成のために具体的な役割、チーム（役割、チームは、各校の校務分掌を基にすることは当然であるが、各校の実態に合わせた活気ある人事を行うことが求められる）、編成までの工程表を決めること。
③ ふまえるべき編成基準（法令、学習指導要領、教育委員会の方針）を十分に確認し、次に、自校の子どもたち、教師組織、地域、保護者の実態を十分に分析し、その結果を明瞭で短い表現にすること。
④ ③をふまえ、学校の教育目標を決めること。

⑤　教育目標の実現のために、教育内容を選択し、組織し、授業時数を配当すること。

　しかし現状は、必ずしも上記のようにはなっていない。極限を極めるような学校現場の多忙化、教育課題の多さと複雑さが、教育課程の編成を困難にしている傾向がある。学校現場の課題の多さや時間的制約によって、初めに学校教育目標ありきとなって③が抜けたり、初めに標準時数ありきとなって、創造的な教育課程の編成作業を標準時数に時数を合わせる数合わせにしたりしている傾向を否定できない。片方では、教育課程の編成についての学校、教師の認識の深まりが一層求められている。と同時に、多忙化や多くの教育課題を抱える学校、教師への組織的な応援、支援が求められているともいえる。

（４）指導計画、単元計画、授業計画
　各教科や領域における特徴による違いはあっても、教育の指導計画は、学年（教科によって２学年まとまりで構成されることもある）、学期、単元、１時間毎の授業によって構成される。
　重要なことは、ゴールを明確にする学校、教師の意識である。ゴールを明確にするということは、換言すれば、ゴールを具体的にすることであるといえる。小学校６年間の最後に、子どもたちがどのように育っていなければならないのかということを明確にすればするほど、各学年の果たすべき役割が明確になる。各学年の終わりや各学期の終わりに育っておくべき姿が明確であればあるほど、各単元が果たすべき役割も明確になる。単元の目標や、目標達成のための中核的な目標が明確であればあるほど、単元の各１時間の授業の役割が、明確になる。教育は、ゴールが明確であればあるほど、ゴールを目指す指導も明確で、的確なものとなる。
　この点で、「本時中心主義」に陥ることのないよう注意する必要がある。本時だけを切り離して考え、その１時間の出来だけにこだわろうとする傾向を、ここでは「本時中心主義」とする。例えば、研究授業では、自分が授業を行うその１時間の正否にのみ目を向ける傾向に陥りやすくなる人がいる。しかし、その１時間がどうあるべきか、その１時間の指導がどうあるべきかという問題

は、単元における本時の役割を明確にしてこそ見えてくる問題である。「本時中心主義」に陥ると、かえって本時が見えてこなくなる。単元計画遂行のためにある本時の役割が、「本時中心主義」からは見えてこないからである。単元の中の1時間を、単元から切り離してしまっては、生きた思考は展開できない。

　1時間の授業は、その1時間が単元上どのような役割をもっているのかが明確になってこそ、正しく評価できる。指導案[1]に、単元指導計画[2]が必須の内容としてある理由も、ここにある。

　したがって、本時の目標や展開を必須の内容とする指導案の略案であっても、その背景に単元全体の指導計画を持っておくことは当然のことである。それなしに本時を考えるということは、授業失敗の原因となる。

　教師がこだわるべきは、計画段階における単元の目標、それを実現する上で中核的な目標（は何か）、そして、それらの目標を達成できる手立ては十分に組まれているかという単元の構造である。学校、教師は、単元のゴール、学期や学年のゴールにこだわり、子どもたちが確かに、豊かに成長しているかということにこだわらなければならない。

4．教育評価への正しい理解

　本章のタイトルにある「教育方法」という言葉をどのようにとらえるかは、その目的によって異なる。ここでは、みなさんが教職についた際、すなわち教師として、子どもたちを授業でどのように指導をするのかという方法を述べるという目的、意味において使用をする。その立ち位置から教育方法を論じるとしても、その内容は膨大なものとなる。そこで、ここでは以下の内容に的を絞って述べることにする。

　・教育評価への正しい理解
　・今求められる授業のあり方
　・児童・生徒理解

（1）教育評価とは

　教育評価にとって、教育がどれだけ効果的に行われ、その結果、どれだけ子どもたちに成果があがったのかを評価することは、重要なことである。しかし、子どもたちをいつ、どの目的で、どのようにして評価するかという評価方法だけが、教育評価であると誤解してはならない。また、テストの点数や通知票の評価段階をあれこれ論じる成績評価が教育評価であるといった誤解や浅い理解をしてはならない。

　教育評価は、子どもたちを育てるためにある。

　教育評価を行う目的は、子どもたちを育てる教師の授業改善、学校、教師の指導改善、取組改善にある。子どもたちを評価するということは、子どもたちへの指導を評価するということである。子どもたちの成果に不十分な点があれば、その原因を指導に求めるからこそ、指導改善が可能になる（「指導と評価の一体化」）。さらには、教師、学校が掲げた教育目標そのものが適切であったのかという、教育目標に対する評価と改善も、教育評価の目的である（「指導と目標と評価の一体化」）。したがって、教育評価の評価対象は、子どもたちだけではない。その子どもたちを指導した教師の指導、学校の取組、単元計画等の教育課程、学級づくりや学校づくりに対しての評価が行われる。子どもたちの確かで豊かな成長を考えれば、それは当然のことである。つまり、教師、学校は、教育評価を通して指導改善、授業改善、取組改善を行わなければならないし、そのことこそが教育評価にとって肝心なことなのである。

（2）診断的評価、形成的評価、総括的評価

　学校、教師は、評価をいつ、どの目的で行うのかという点では、3つの評価があることを知らなければならない。

　単元レベルでその3つを述べると、次のようになる。

① 授業前に今後学習する授業内容の基礎となる学習がどの程度本人のものになっているかを調べる「診断的評価」である。

② 単元の途中、単元目標を達成させる上で決定的に重要な「中核目標」がどの程度子どもたちのものになっているかを調べる「形成的評価」である。

③　単元の終わりに子どもたちがどの程度の成果を出せたのかを調べる「総括的評価」である。

　しかし、基本的に評価は継続する。総括的評価といえども、単元から学期に目を転じれば、学期途中の形成的評価となる。それを学年、校種（小学校から中学校、中学校から高等学校）、人生と時間のスパンを広げていけば、評価とは、その人が人生を終えるまで形成的評価の連続ともいえる。

（3）求められる評価者の自分磨き、自己実現

　評価方法には、評価しようとする子どもたちの能力によって効果的な評価方法というものがある。知識・理解、技能といった能力には、ペーパーテストは効率的で、信頼性も高い。しかし、それが思考力・判断力・表現力、関心・意欲・態度ともなれば、話は簡単にはいかない。良問であれば、思考・判断を問う設問作成は可能である。その具体例が、文部科学省が小学校6年生と中学校3年生を対象に行っている「全国学力調査」の「B問題」である。これらを参考に、高次な能力を評価できる良問づくりに工夫を凝らすことは、今求められている重要な努力といえる。

　しかし、学校、教師が、日常的に思考力・判断力・表現力、関心・意欲・態度を評価するとなれば、ワークシートに子どもたちが書いた記述、授業中の発言、作品といったものを通して、子どもの学びを評価することが主となる。この点で求められるものは、紛れもなく評価者である教師の理解力、洞察力である。子どもたちの内面を評価するということは、評価者に、子どもたちの内面を確かに深く理解する力がなければ、所詮表面的な評価に終わってしまうという危険性を孕んでいる。

　一般に、評価には、妥当性、信頼性、客観性といった条件が求められる。これらの言葉の呪縛に、評価は常にさらされてきた。知識・理解、技能については、比較的容易に条件をクリアできる。しかし、思考力・判断力・表現力、関心・意欲・態度となれば、事は簡単にはいかない。評価に妥当性、信頼性、客観性を求めようとすれば、評価者を複数にして、評価についての合議を繰り返すことである。それによって、誰が評価しても似たような結論に達する妥当性、

信頼性、客観性というものの確保は進む。しかし、学校現場にそのような時間的余裕はない。結局、教師が一人で評価する場面が多くなる。それは、評価が評価者の個人的な作業になることが多いということである。この点で、評価は主観的な傾向になるといえる。

では、この単独で主観的な評価というものが、どれだけ妥当性、信頼性、客観性といった物差しに耐えられるのであろうか。ここで教師は自信を失ってはならない。目の前にいる子どもたちのことを最も理解できているのは、担任である自分である、と胸を張れる日常の児童・生徒観察、児童・生徒理解を行おうではないか。

と同時に、評価は、行き着くところ、教師の人としての完成度、あり方に依拠する。評価者が、妥当で、信頼に満ち、素晴らしい主観的判断ができる人物であれば、評価の難問は、子どもたちが大きく育つチャンスへと変わる。教育が「共育」(子どもとともに教師が育つ。教師とともに子どもが育つ)といわれるのは、このためである。つまり、教師が、子どもたちの作品や言動、その姿から、内面の成長を見事に評価できる人になるためには、教師の人間としての成長が求められるのである。子どもたちは、教師の心の背丈以上には成長できないのである。子どもたちのためには、教師が心の背丈をうんと伸ばしていくことである。

つきつめれば人を理解するということは、自分をどれだけ理解しようとしてきたかということにつながる。他人の姿は自分の目から難なく見える。自分の姿も鏡に写して見ることができる。しかし、自分の心を写す鏡は存在しない。自分という存在の要である自分の感情、価値観、世界観といったものの集まりである心は、自分からそれを見ようとしない限り、見ようとしていない現実すら自覚することはできない。人から自分がどう見られているかを気にする人は多いが、自分が自分をどう見ているのかということを気にする人は案外少ない。その自分を観察し、評価し、自分の嫌なところや無様なところを自覚し、受け入れることができる人は、一角(ひとかど)の人物である。自分のことを理解しようとして苦労した中で獲得した心のとらえ方の枠組みは、他者を理解する大切な観点となる。

授業の名人、達人と呼ばれた教師たちは、教育評価の言葉を使うか使わない

かは別として、教育評価の達人であったと筆者はとらえている。教育評価の達人とは、目標（何の力を育てていて、その力が単元の最後にはどうなっていなければならないのか）が明確で、目標達成のための手立て、仕掛けが明確で、さらに能力の質によって、繰り返しのお稽古を仕掛ける達人である。そして、何よりも児童・生徒理解の達人である。それは、自分に厳しく、課題や困難を乗り越えるためによく考え、自問自答という自己内対話を十分に行い、己を鍛え、育ててきた人物であればこそ、到達できることなのである。

　教育評価を成績評価と誤解し、数字や量、ペーパーテストにこだわり、それらを淡々とスピーディーに処理することを目的としているようでは、それは教育測定である。また、子どもたちの立場に立てず、毎時間子どもたちが悲鳴を上げたくなるような自己評価にこだわることが、教育評価でもない。中に「客観性」「信頼性」を重視するがあまり、関心・意欲・態度といった評価しにくいものは、評価から外そうという立場も、教育評価の立場とは言いにくい。教育評価は、評価のためにあるのではなく、教育の向上のためにある。教育評価は、子どもたちが確かな学力と豊かな心、生きる力を身につけるために役立つものでなければならない。教育評価は教師に、自身の指導や授業の改善、確かで深い児童・生徒理解、さらには教師自身の自己実現を求める。

（4）9つの子どもたちのやる気スイッチ

　評価の際に問題になる能力に「関心・意欲・態度」がある。最後は子どもたちを学びに対して関心のある意欲的な態度をもった存在に高めなければならない。しかし、子どもたちの「関心・意欲・態度」、いわば「やる気」は、どのようにすれば高まるのかについてわからず、困っている教師は少なくない。ここでは、子どもたちをやる気にさせる「やる気スイッチ」を9つ紹介する。指導や取組に生かしてほしい。

表5-1　9つのやる気スイッチ〈鎌田〉

	スイッチ名	概要説明
①	ゴールデンスイッチ	新学期は、新しい担任、新しいクラスになりやる気でいっぱいである。ただし、ゴールデンウィークを過ぎるとその意欲は低下していく。
②	競争スイッチ	子どもたちは、競争が大好きである。競い合うことは、子どもたちをやる気にさせる。ただし、両刃の刃であることに教師は常に配慮、注意が必要である。
③	わかる、できるスイッチ	子どもたちは、わかる、できるという手応えによって成長し、やる気を感じていく。教師は、授業を通して、子どもたちのわかる、できる手応えを実現していかねばならない。
④	謎解きスイッチ	解き明かしたい謎があるからこそ、子どもたちは考えようとするし、考えられる。そのためには、考えるに足る、よく準備された「なぜ～なのですか」という問いが必要となる。
⑤	目標スイッチ	我々は、目標があるから頑張れる。子どもたちにも、長期、中期、当面の目標が必要である。目標を立てれば、同時に目標実現の手立てが求められることは当然である。
⑥	集団スイッチ	「クラスのあの子があんなに頑張っている。だから私も絶対頑張る！」──子どもたちが集団として育っていれば、仲間の頑張りは、人ごとではなく自分事になる。
⑦	先生（信頼）スイッチ	「信頼している先生が頑張れと言ってくれた。だから頑張る！」──信頼している先生の言葉は、子どもたちにとって大きなやる気の源になる。
⑧	失敗スイッチ	別名「悔しいスイッチ」。人は、失敗や悔しいことを乗り越えてこそ本気であるといえる。うまくいかなかったり、課題や問題にはね返されたりした時こそ、子どもたちの本気を引き出すチャンスである。
⑨	学習者スイッチ	解き明かしたい自分の問いが見つかった状態。教師は、自らが究めたい、解き明かしたいという問いをもった学習者でなければならない。そうでなければ、子どもたちに）のスイッチを入れることはできない。

5．今、求められている授業のあり方

今求められている授業とやってはいけない授業と比較し、以下の表にまとめた。

表5-2　今、求められている授業〈鎌田〉

	やってはいけない授業	求められている授業
(1)	児童が見えていない授業	児童をよく観ている授業
(2)	指導や活動に目的がない授業	指導や活動に目的がある授業
(3)	本時中心主義の授業	単元の出口までしっかり設計された単元計画
(4)	教師がよくしゃべり（多発問）、子どもたちが座って話を聞いてばかりの授業	教師は必要なことだけ話し、子どもたちは解くべき「謎」（学習課題）を持って謎解きに夢中になり、友達の解答と先生の教えに学ぶ授業
(5)	繰り返しとお稽古がない授業	繰り返しとお稽古のある授業

（1）児童をよく観ている授業

　子どもたちが見えていない授業、見ようともしていない授業がある。教育実習生や新規採用教員が、指導案通りに授業を進めることでいっぱいになり、子どもたちの姿が見えないという場合は、それほど問題ではない。しかし、ある程度の年数を重ねているのに、子どもたちを見ようとしていない場合は深刻である。授業中の子どもたちの観察は、形成的評価の基本中の基本である。これができなければ、子どもたちの姿を評価して、自らの授業を改善することは、夢のまた夢となる。

　子どもたちへの見落としのない観察は、教育活動の全てにおいて求められることである。児童・生徒理解の達人は、児童・生徒観察の達人であり、授業中とか授業外とかの区別なく、常に見落としのない観察と、その観察のフィード

バックを行っているものである。

（2）指導や活動に目的がある授業

　日本一の国語教師と言われた故大村はま先生は、教師は苦し紛れの話し合いを子どもたちにさせてはいけないという話をよくされた。目的もないのにただ何となく話し合いをさせる教師、話し合い方を指導せず、いとも簡単に「話し合いましょう」と子どもたちに丸投げをする教師の姿を観て、これでは子どもたちの育ちは生まれない、むしろ逆効果であると感じられた大村先生の思いがそこにはある。

　話し合いにしろ、交流にしろ、目的があるから行うし、やればやっただけの効果、成果が、子どもたちにあると教師が判断するから行うわけである。教師にその目的や見通しがなければ、やる必要はない。

　何事も本末転倒には注意しなければならない。改訂学習指導要領では、確かな学力の土台として言葉の力が重視され、その力を育てるために言語活動の充実が叫ばれている。これは、言葉の力を付けるという「目的」のために、「手立て」としての「言語活動の充実」を強調しているものである。「言語活動の充実」が叫ばれているからといっても、流行り物として目的のない言語活動をしてはならない。言語活動さえ授業の中に設定していればよいなどという誤解は、してはならない。

（3）単元の出口までしっかり設計された単元計画

　教師の行うことには、目的があり、目指すゴールがなければならないと既に述べた。目指すゴールがあるからこそ、教師は、どのように指導すべきか、どのような活動でなければならないかといった思考ができ、決断ができる。この点で教師は、授業改善のために、必ず次の自問自答を行わなければならない。

　それは、「単元の出口（単元の終了時に教師が願う単元のゴール）で、子どもたちはどうなっていればよいのか」という問いである。

　この問いに対する答えは、具体的であればあるほどよい。そのことによって単元計画が精緻なものとなる。そのためには、教師自身が、単元のゴールを実

際に作ってみることを強くおすすめする。

　例えば、読書感想文を書かせるという読む力、書く力を育てる単元であれば、単元に入る前に、教師自身が、一つの読書感想文を書くのである。自分が、単元目標を達成した読書感想文とはこういうものであるという一例を作ることである。例えば、想像して読む力を育てる単元で、その手立てとして音読劇の台本を子どもたちに作らせる言語活動の設定を行うとすれば、まず教師が、その台本を作る。このようにすれば、自分のゴールに対する問題意識の曖昧なところ、単元目標を達成する時に必要な要件等、いろいろな発見ができる。

　単元のゴールが明確であれば、そのゴールを目指す手立てとしての言語活動も工夫しやすくなる。そして、ゴール実現のための重要なポイントも見えてくる。これができなければ次へは進めないほど重要な単元内の目標を「中核目標」と教育評価の理論では呼ぶ。「中核目標」のところでは、指導している子どもたちが、どのような姿でそこを通過しているのかを、教師は場や質に合った方法で調べなければならない。本来は、この中核目標をどのようなレベルで通過しなければならないのかということこそが、「評価規準」なのである。そして、教師は授業改善、指導改善のために、中核目標に達していない子どもたちが存在する理由が、自分の指導のどこにあるのかを自問自答しなければならない。そして、その子どもたちが中核目標達成に近づけるように工夫された補充指導を行わなければならない。

　単元は、出口を明確化（具体化）し、そのための中核目標を明確にすることを通して構造化される。この中核目標は、一つの単元に多くても三つまでに絞ることである。経験が浅いと何もかもが子どもたちにとって大切に見えるときがある。しかし、中核目標が多いと、単元の構造は逆に見えなくなる。さらには、中核目標が多いと教師は余裕がなくなり、目の前の子どもたちの反応、子どもたちの生きた発言やつぶやきを生かす臨機応変な指導ができなくなる。結果として、自由闊達な子どもたちの学びが実現しない。目標分析[3]の手法を学び、本当に重要な要素は何なのかを常に分析する姿勢が、教師には不可欠である。

（4）教師は必要なことだけ話し、子どもたちは解くべき「謎」（学習課題）
　を持って謎解きに夢中になり、友達の解答と先生の教えに学ぶ授業
　教師が前に立ち、子どもたちに発問を連発するような授業をしてはならない。子どもたちから自分の期待する反応が出ないと、教師はつい発問を増やしてしまう。しかし、子どもたちの反応の悪さは、発問数の不足から起きるのではない。それは、教師の教材研究不足、単元指導計画作成の努力不足から起きるのである。「想像して読みなさい」と言われて想像して読めるのは、元々想像して読む能力の高い子どもだけである。想像して読むことが苦手な子でも、工夫された言語活動の設定のおかげで、気がつけば想像して読んでいたという、教師の言語活動の工夫、仕掛けが本当は求められている。子どもたちの学習を引き出せる言語活動や学習の仕掛けがあってこそ、子どもたちの学びは、活発になり、能動的になる。発問の数を増やしても、それは実現しない。それどころか、授業の時間が進むにつれ、子どもたちの顔は生き生きさを失い、発表する子の数は減り、反応は鈍くなり、一人また一人と、授業から脱落していく。多発問の授業についていけるのは、クラスで優秀な数人の子どもたちだけである。そこには、子どもたちの主体的な学びはない。聞き役という受け身の学びが大半であり、子どもたちは主体的な学習者としての責任も問われない。1時間の間、子どもたちを聞き役にさせたり、板書をひたすら写させる書記にさせたりしてはならない。そうさせないためには、以下の要素が授業に求められる。

① 　よく考えられた学習課題
② 　一人学び
③ 　みんな学び
④ 　学びの評価

　学習を主体的にするには、一人一人が取り組むべき学習課題が必要である（①　よく考えられた学習課題）。
　そして、その学習課題に対する自分の意見をよく考え、つくる時間が必要である（②　一人学び）。
　クラスの一人一人が、程度の差はあっても自分の意見を持てたのだとしたら、自分の意見と友だちの意見とを比較し、検討させる学習をしなければならない

(③　みんな学び)。これが交流である。交流は、自分の意見と自分以外の人の意見とを比較、検討、考察し、どちらが優秀（意見と理由【根拠】との組み合わせで論理性を問う）かを決めるために行う。

　最終的に、自分の最も高く評価できた意見と理由【根拠】の組み合わせから、子どもたちは学習者の責任において、そのよさを自分の学びに取り込まなければならない（④　学びの評価）。

　①から④が【教師は必要なことだけ話し、子どもたちは解くべき「謎」（学習課題）を持って謎解きに夢中になり、友達の解答と先生の教えに学ぶ授業】に必要な要件である。しかし、多くの教師は、④を省略している。そのことによって、やりっ放しの交流になったり、子どもたちの学びの手応えが弱くなったり、質が高まりきっていない。④のところで教師は、子どもたちに次のように問わなければならない。

　「みなさん、今日交流した意見の中で、一番いいと考える意見は何でしたか」と。

　ただし、教師の方も、その１時間の授業の中で絶対に子どもたちに学んでほしいと考えられる意義ある誰かの意見をしっかりと見つけておかなければならない。その意見を、もし、子どもたちが見つけられていなければ、教師は再び次のように子どもたちに問わなければならない。

　「みなさん、本当に今日はよく学びました。偉いですよ。でもね、残念……、惜しい。凄く値打ちのある意見を、みなさんは、まだ見つけていませんよ」と。

（5）繰り返しとお稽古のある授業
　日本の教育が誇る教育成果に、「九九」の指導がある。ほぼみんなが、自動的に九九が言えるのは何故か。そこには、「わかる、できる」にこだわった小学校教師の熱心な「九九」の繰り返しの指導がある。指導しなければならないことは、何があっても指導しきらなければならない。できるようにしなければならないことは、何があってもできるようにしなければならない。そのためには、繰り返しとお稽古が、不可欠である。水をお湯にするには、沸騰するまで水を熱し続けなければならない。途中でコンロの火を止めた途端に、お湯に向

け成長していった水は、その成長を止め、水に戻っていく。

　日本の教師は、子どもたちに九九を繰り返し指導し、暗唱できるようにお稽古させてきたが、その他のものはどうであろうか。思考力・判断力・表現力が求められる学習内容を、繰り返しもなく、1回だけの学習で終わらせてはいないであろうか。できなければならないことは何があってもできるように指導しきらないと、困るのは子どもたちである。授業の達人、名人は、実は繰り返しとお稽古の達人、名人でもあるといえる。

6．児童・生徒理解

　教育に最も求められているものに、児童・生徒理解がある。
　二つの重要な問いを先に述べる。
　問い1：勉強ができずに自暴自棄になっている児童・生徒の辛さ苦しさをわかっていますか。
　問い2：教室に、学校に、ホッとできる心の居場所がない児童・生徒の悲しさ、寂しさをわかっていますか。
　教師は、学級担任として子どもたちを預かる。子どもたちを個人として、集団として、世話をし、理解し、指導し、束ね、育てている。いわば、子どもたちを司(つかさど)っているわけである。
　子どもたちを司っている教師は、子どもたちの司(つかさ)を理解できなければならない。子どもたちの司とは何か。それは、子どもたちの「辛さ」「悲しさ」「寂しさ」の「つ・か・さ」である。これらを気づかない、わからない教師は、子どもたちを理解している教師とはいえない。冒頭の二つの問いは、教師が折りに触れて自問自答しなければならない重要な問いであると考える。
　では、教師は、児童・生徒の「つ・か・さ」をどうすれば理解できるのであろうか。
　まず、子どもたちの困り事や事情を傾聴できなければ、話にもならない。それほど傾聴は重要である。しかし、傾聴ができていても、勘違いをしてしまう教師は世の中に存在する。

結局、ここでも問われることは「5.（3）求められる評価者の自分磨き、自己実現」で述べたことと重なる。他者をわかる力は、その教師の人としてのあり方に関係する。それを仮に「自分で自分をわかる力」と表現しておこう。「自分で自分をわかる力」こそ、子どもたちを理解する最も重要な力である。

人という存在の内面は深く、広く、そもそも容易には理解できる存在ではない。自分なりに必死に推察し、こうかなと考えてみても、次の瞬間になると「あ、違った」と、自身の洞察を否定されるような深いもの、それが人の内面世界ではなかろうか。そもそも、人の内面を簡単に理解などできない。人を深く理解する前提に、理解することの難しさに対する各自の了解がまず求められるのではなかろうか。

人の内面を理解することがそれほど難しいことであるとすれば、我々は何を頼りに人を理解していけばよいのであろうか。それは、最も自分に近い内面、すなわち自分自身という内面を理解する力であり、それを理解しようと苦労してきた本人の体験である。子どもたちの辛さ、悲しさ、寂しさを理解できる教師とは、自分自身の辛さ、悲しさ、寂しさとしっかり向かい合い、悩み、苦しみ、自分に負けそうになりながらも最後には自分を励まし、挫けそうになっても最後には自分を信じることができた人ではなかろうか。そのような自己内対話を行ってきた人こそ、児童・生徒理解力の高い教師になれるのではなかろうか。

【注】
1）単元の目標、評価規準、児童観、教材観、指導観、単元の指導計画（評価の計画を含む）、本時の目標、本時の展開（評価の計画を含む）、板書計画、ワークシート、児童席図等で構成される。
2）この場合は何次で各何時間がどのような内容で展開されるかを述べたものを指している。例えば15時間扱いの単元であれば、各1時間ごとの展開や評価計画が記されているものを指す。
3）参考文献（梶田叡一・加藤明編著『改訂　実践教育評価事典』文溪堂、2010.9）参照のこと。

学習課題

本章を読んで、何が学べましたか。以下の構成に従って述べましょう。

（1）学んだことを書きましょう。
（2）何故それを学べたといえるのか、または、何故そのことを選んだのかという理由【根拠】を書きましょう。
（3）学んだことをどのように今後の自分磨きに生かそうとするのか、その決意を書きましょう。

【参考文献】
梶田叡一『第2版補訂版　教育評価』有斐閣　2001
梶田叡一・加藤明編著『改訂　実践教育評価事典』文溪堂　2010

第6章

生徒指導と教育相談

:

　生徒指導と教育相談の対立関係は、多くの学校において見られてきたといってもよい。特に、生徒指導部と教育相談部を別々に校務分掌に位置付けている学校に多いといわれている。筆者は、大学の授業で「母性と父性の心理・社会学」という科目を2年間担当したことがある。ここでいうと、「母性」＝「教育相談」、「父性」＝「生徒指導」の式が成り立つ。この授業のねらいは、「教育の現場における母性機能と父性機能について、生徒指導と教育相談という視点から考えていく。将来教師となる自分自身の母性・父性のバランスを知り、教育場面でのさまざまな事態への対応を考えることを通して、教師としての立脚点を見いだしていく」というもので、学生にも大変人気のある科目であった（毎回150名前後の学生が選択し、学生授業アンケート評価結果も4段階評定で、平均得点が、3.8を超えていた）。つまり、生徒指導は父性原理、教育相談は母性原理にそれぞれ依拠している。母性も父性も、生徒指導も教育相談も、どちらかに偏ることなく、バランスを図ることが大切なのである。したがって、これからの生徒指導にあっては、教育相談を活かした生徒指導の展開をこそ目指すべきで、そのためには、子ども達の問題行動を予防するためにも、開発的カウンセリングに精通することが大切である。

1. 生徒指導と教育相談の関係

　学校現場でよく聞かれるのは、「生徒指導と教育相談の対立」である。つまり、生徒指導の立場からは、「教育相談は甘やかしすぎる」の指摘である。一方、教育相談の立場からは、「生徒指導は厳しすぎる」の批判である。

　そもそも、教育相談は、昭和30年代に、生徒指導の一環として導入が図られた経緯がある。児童生徒の問題行動が多様化、深刻化している現況にあっては、教育相談の考え方を活かした生徒指導の重要性がますます強調されなければならないと考える。

　生徒指導とは、「一人一人の児童生徒の人格を尊重し、個性の伸長を図りながら、社会的資質や行動力を高めることを目指して行われる教育活動」（文部科学省「生徒指導提要」2010）と定義されている。また、古くは「人間の尊厳という考え方に基づき、ひとりひとりの生徒を常に目的自身として扱う。それは、それぞれの内的価値をもった個人の自己実現を助ける過程であり、人間性の最上の発達を目的とするものである」（文部省「生徒指導の手引き」1965）としている。

　一方、教育相談については、「児童生徒それぞれの発達に即して、好ましい人間関係を育て、生活によく適応させ、自己理解を深めさせ、人格の成長を図るもの」（文部科学省「生徒指導提要」2010）と定義される。

　すなわち、教育相談は生徒指導の一環として位置付けられ、生徒指導の実際にあっては、中心となって機能するものでなければならないのである。子ども達の心身の健全な発達のために、両者は相補的に機能し合うことが何より大切なのである。

2．これからの生徒指導

　毎日の新聞紙上を見るまでもなく、現在の学校における生徒指導上の諸問題は、極めて多様化し、また深刻化した状況にある。これらへの対応については、対症療法的な指導や援助は当然必要であり、大切なことではあるが、より予防的、開発的な教育活動の展開が望まれる。構成的グループエンカウンター、ソーシャルスキルトレーニング、ピアサポート、ストレスマネジメント教育等の活用が学校現場に切望されているのである。また、学級の実態把握のためには、Q－Uテストが効果的である。

　これらを活用した、生徒指導の展開例として、その年間計画を表6‐1に示した。開発的カウンセリング技法である、構成的グループエンカウンター、ソーシャルスキルトレーニングや、学級集団の現状を把握できる心理テストQ－U（QUESTIONNAIRE-UTILITIES：楽しい学校生活を送るためのアンケートQ－U、図書文化社）を活用し、教育相談を活かした生徒指導の実践を年間を通して実践できるので、是非参考にしてほしい。

　今、筆者は、学級崩壊をしたクラスで授業をしたり、教育委員会主催年次研修、校園内研修会、教育相談研修会、生徒指導研修会等での講師を務めたりしているが、特に教育現場からは、開発的カウンセリング技法の一つである、構成的グループエンカウンターへのニーズが高い。

　ここでは、構成的グループエンカウンターの活用により、教育相談を活かした生徒指導の実践の在り方を探りたい。

表6-1 「教育相談を活かした生徒指導の展開」年間計画

月	生徒指導課題	実践内容	留意点
4月	・新しい環境への不安感の軽減 ・人間関係づくり（他者理解） ●学級での実践目標 ①「どんなクラスにしたいか」学級成員全員で決定する ②クラス内での心の居場所作り：子どもに安心感を実感させる。そのためにもタイミングを逃さず子どもをほめる ③1年間の生活・学習目標設定、1学期の生活・学習目標設定 ※教師の学級作りへの思いを児童生徒や保護者にしっかり伝える	・全員で取り組む「クラス目標作り」や「係活動」 ・構成的グループエンカウンター（以下、SGE）やソーシャルスキルトレーニング（以下、SST）等開発的カウンセリングの活用 ・SGE：（出会いのエクササイズ「サイコロトーキング」「みんなでイエイ！」） ※エクササイズ実践の前に、ルールを確認するSST：（あいさつの大切さ）	・児童生徒を「指示待ち」姿勢にしないように留意する。 ・学級リーダーも立候補制や輪番制を導入 ・SGEやSSTは、TT等でサブリーダーが個別支援をする。 ・年間目標→学期目標→月目標→週目標→日目標と、長期的から短期的まで作らせ、常に振り返らせる。 ※エクササイズ実践の際、ルールは徹底してでもらせる。
5月	・心身の健康に関する課題への取組 ・自己理解・他者理解 ●学級での実践目標 ①自分自身の課題や悩みの解消への取組 ②自分のよさや努力点に注目 ③ワークシートや日記に、必ず生活面、学習面の振り返りを（書くことで自分を見つめる） ※ルールの徹底：規律ある集団の中でこそ「やる気」は育つ	・健康診断の実施 ・健康面の把握や友人関係の把握をふまえた「家庭訪問」の実施（保護者には児童生徒の学校でのようすや力点を必ず伝える） ・SGE：（「今の私を支えているもの」「いいとこ探し」）SST：（「気持ちのいい聴き方」「守ろう」「食事のマナー」）	・養護教諭や校医との連携。TT等での個別支援。 ・Q-U実施によるクラス実態把握 ・援助「要請」への早急な対応（「要支援」同様、以下、同様。 ・連休明け、出水、遅刻・早退への対応 ・不登校への対応 ・ロールプレイ等で、聴き合う、認め合い、聴き合わせ、励まし合う学級作りの大切さを実感させる。
6月	・学校生活や家庭生活における課題や悩みへの取組 ・自己理解・他者理解 （学級での実践目標） ● ①教師の自己開示により、話しやすい雰囲気づくりを	・個別面談の実施（事前アンケート実施や日記・グループノートを参考に、生活面、学習面の課題や悩みの把握） ・SGE：（「おいしい言葉探し」「嫌なこと飛んでいけ」）SST：（「見直そう！私の聴き方」「話し方」「見直し方」清掃活動）	・生徒指導・教育相談担当者や養護教諭等との連携。 ・SGEは、「自己理解」や「他者理解」のエクササイズを定期的に実践する。 ・児童生徒にきめさせた目標は教室内に必ず掲示し、常に目標を意識させる（今

第6章　生徒指導と教育相談

月			
7月	②自分自身の課題や悩みの解消への取組(事前にアンケート記入で、自己との向き合いを)　※「やる気」の出る言葉を探す ・長期休業日の事前指導 ・自己理解・他者理解 ●学級での実践目標 ①1学期の生活目標・学習目標の振り返りと長期休業中の生活目標・学習目標設定(子どもが主体的に決める) ②保護者からの「いいとこ探し」による自尊感情育成 ※自分を守るためにできること、しないといけないことを確認する	・徹底した安全指導(心身の健康の維持、病気の治療への取組等) ・保護者会の実施や保護者面談の実施 ・SGE:(「我が子のいいとこ探し」「私は私だから」)「リフレーミング」「私はこれが好きです」など ・SST:(見直そう!携帯電話のマナー)	日の生活目標を確認してみよう!」等の言葉かけの実践)。 ・生徒指導・教育相談担当者や養護教諭等との連携 ・保護者会での、保護者が書いた「我が子のいいとこ探し」のワークシート等は、家庭で子どもにも手渡してもらう。「リフレーミング」では、我が子の短所を長所に読み替えてもらう(頑固→意志が強い等)。 ・携帯電話の使い方のマナーを指導する。
8月	・基本的生活習慣の点検 ・問題行動の防止 ●学級での実践目標 ①年間生活・学習目標の確認 ②長期休業日の適応応指導 ※長期休業中でも、絶えず、自分自身の生活目標や学習目標を確認することで、「やる気」を持続させる	・基本的生活習慣の見直す連絡を取り合い、本人の長期休業中の目標の確認、点検を進める。場合によっては個人面談の実施 ・青少年育成団体等、関係機関との連携 ・SST:(見直そう!私の夏休みの過ごし方)「見直そう!私の敬語」	・生徒指導・教育相談担当者や養護教諭等との連携を密にし、校区内の巡回等により、児童生徒の安全に努める。(地域、関係機関との連携) ・保護者と連絡を取りながら、児童生徒の長期休業中の生活の様子を把握し、休業中の生活目標・学習目標を常に意識させる。あわせて、生徒指導上の課題へも対処する。
9月	・長期休業日の事後適応指導 ・基本的生活習慣の点検 ・交友関係の確認 ●学級での実践目標 ①2学期の生活目標・学習目標の点検 ②年間生活・学習目標の確認 ※予防教育としてのSSTの体験を通してス	・長期休業日の安全事後指導 等の報告書提出 ・保護者会の実施や保護者面談の実施 ・集団活動におけるトラブルへの対処ルールを学ぶ。 ・SGE:(「これが、今年の私の夏休み」「夏休みの作品、いいとこ探し」) SST:	・生徒指導・教育相談担当者や養護教諭等との連携。TT等での個別支援をする。 ・QU実施によるクラス実態把握 ・長期休業日明け、不登校への対応。 ・2学期は、行事が多く、人間関係での集団行動についてごさを予防するためにも、SSTの実践をす

			（「考えよう！トラブル対処法」）	
10月	・遠足、体育祭等、学校行事への適応指導 ・引続き、基本的生活習慣の点検 ①　行事への取組の目標設定 ●学級での実践目標 ②　行事を通して、成功体験を重ねることで自信を持たせる ※成功体験は自信につながる		・個別面談の実施（事前アンケートや日記・グループ日記を基に） ・QUの結果を参考に ・SGEやSSTの実践展開をする。 ・SGE：（「体育祭、がんばっていた友だち」「10月、私のめあて」）SST：（「見直そう！私の集団行動」）	・生徒指導・教育相談担当者や養護教諭等との連携。 ・学校行事の多い月なので、学習へのやる気がしっかり維持できるように、学習目標を細かく立てさせたり、振り返らせたりする。 ・教師は、どんな小さなことでもほめ、認める。
11月	・音楽会、体育祭等、学校行事への適応指導 ・引続き、基本的生活習慣の点検 ・読書への取組 ●学級での実践目標 ①　行事への取組になりがちな学習目標の点検、振り返りをする ②　読書感想文コンクール実施で入賞者表彰		・個別面談の実施（事前アンケートや日記・グループ日記を参考に）また、最終学年ではキャリア指導（三者面談実施） ・SGE：（「音楽祭、私のがんばり」「10年後の私への手紙」） ・読書感想文コンクール実施（本は自分で選択する）	・生徒指導・教育相談・進路指導担当者や養護教諭等との連携 ・進路アンケートの実施による保護者・本人の意向の確認 ・コンクールを実施し、入賞者表彰への意欲をさらに高める。入賞できなかった児童生徒も努力を認める。
12月	・長期休業日の事前指導 ・自己理解・他者理解 ①　2学期の生活目標・学習目標の実践目標の振り返り ②　長期休業中の生活目標、学習目標の設定 ※今までの人生を振り返る		・徹底した安全指導（心身の健康の維持、病気の治療への取組等） ・SGE：（「家族へ、私のできるお手伝い」「マイ・ライフライン（私の人生の振り返り）」）SST：（「見直そう！今年の目標」）	・生徒指導・教育相談・進路指導担当者や養護教諭等との連携。TT等での個別支援をする。 ・「人生の振り返り」では、各自の人生をあるがままに受け入れ、人生への前向きな姿勢や心構えを持たせる。
	・長期休業後適応指導の点検 ・基本的生活習慣の点検		・長期休業日の安全事後指導（病気の治療等の報告書提出）	・生徒指導・教育相談担当者・進路指導養護教諭等との連携。TT等での個別支

第6章　生徒指導と教育相談

月	目標	実践内容	連携・支援
1月	・交友関係の確認 ●学級での実践目標 ① 年間生活・学習目標の点検 ② 3学期の生活目標・学習目標設定 ③ 保護者連絡や、年賀状・メールでの児童生徒の現況把握 ※自分も相手も大切にした自己主張の仕方を体験を通して学ぶ	・保護者会の実施や保護者面談の実施 SGE：(振り返ろう！今年の私の冬休み)「あなたって素敵だ！」SST：(「みんなに伝えよう！私の今年の目標」「見直そう！自己主張の仕方」)	・QU実施によるクラス実態把握 ・長期休業日明けの、不登校への対応 ・自己主張のスキル(相手の言い分も聞き、自分の思いも伝える方法)を学ぶ授業をする。
2月	・学級作りの振り返りⅠ(学級目標が達成できたか) ・基本的生活習慣の点検 ・交友関係の確認 ●学級での実践目標 ・子どもの努力点や長所を教師や級友が認める活動を重ねる。 ※学級作りを振り返りⅠ、1年間の学級目標をまとめとして、振り返る ※スキルを学ぶことで、安心感を実感できる	・QUの結果を基に、SGEやSSTの実践展開をする SGE：(「クラスの思い出、BEST5！」「社会人として身につけたいこと」) SST：(「考えよう！友だちと約束を守って？秘密を守るって：トラブル対処法として「上手な断り方ってどうするの？」)	・生徒指導・教育相談・進路指導担当者、養護教諭等との連携。 ・QU結果分析によるクラス作り(今までのQU結果、それに基づく実践内容を振り返り、本年度の学級経営のまとめに向けた実践を展開する)。 ・中立を保つことの大切さに気づかせる。
3月	・学級作りの振り返りⅡ(学級目標が達成できたか) ・基本的生活習慣の点検 ・交友関係の確認 ●学級での実践目標 ① 子どもの活動：担任を通してつかんだよさを認める話合い ② 3学期の生活目標・学習目標の振り返りと年間の目標の振り返り ※学級目標が達成できたかを振り返り、次年度以降の自己の「やる気」育成への橋渡しをする	・個別面談の実施(事前アンケートやグループ日記・グループ日記を参考に) SGE：(「あなたって素敵だ！」「別れの花束」「教師からあなたへのメッセージ」) SST：(「次のステップ！私の人間関係改善法」) ※「別れの花束」では、学級成員同士で、互いにプラスメッセージを交換し合い(メッセージカード記入)、教師や友だちの支えによって、今の自分があることを実感する	・生徒指導・教育相談・進路指導担当者、養護教諭等との連携。TT等での個別支援をする。 ・SGEのエクササイズ「別れの花束」実施で、学級への帰属意識や進路への自尊感情を高め、次の学年、進路への意欲づけをする。 ・教師からも、次の学年、進路へ向けての意欲づけの言葉がけをする。 ・学級目標が達成できたか等のチェックで、次のPDCAにつなぐ。

3．教育に活かす開発的カウンセリング技法
　　　――構成的グループエンカウンター――

（1）子ども達の問題行動の予防という視点

　兵庫県教育委員会・兵庫県高等学校生徒指導協議会が、約五千名の高校生を対象に「高校生の生活と意識に関する調査報告書」をまとめている（住本監修2009）。そこでは、高校生の自尊感情の低さ、心と心の触れ合いのある人間関係づくりの必要性が示唆されている。この報告書に限らず、今、教育現場では、子ども達の「生きる力」を育てるためにも、自尊感情の育成と触れ合いのある人間関係づくりが、大きな課題として挙げられている。この二つの課題に効果がある、開発的カウンセリング（developmental counseling：Blocher,H）つまり、教師が、全ての子どもたちを対象にして、子どもの発達課題を達成させ、自己実現を援助するカウンセリングのスキルの一つとして、構成的グループエンカウンター（Structured Group Encounter：以下ＳＧＥ）が注目されている（住本、古田，2004等）。これは、筆者にとっても恩師である國分康孝が、1970年代後半に提唱、実践したもので、触れ合いと自己発見を通して、メンバーの行動変容を目標とした「集中的グループ体験」のことである。

（2）ＳＧＥの活用による、自尊感情の育成と人間関係力の向上

　今の教育現場における課題として二つ挙げた。つまり、個人としては「自尊感情」を育て、他者とのかかわりにおいては、心と心の触れ合いのある友人関係を育むことである。
　この二つの課題に対して効果的な開発的カウンセリング技法として、ＳＧＥがある。
　ＳＧＥは、その構成要素として、心の成長を支援する課題（エクササイズ）や感想・気持ちの分かち合い（シェアリング）を2本の柱とし、グループ（学級等）内において、メンバー（子ども）の「自己理解」や「他者理解」、「自己受容」、「信頼体験」、「感受性」、「自己主張」など、6つの能力を促進し、豊か

な人間性を培い、人間関係を深めようとするものである。「構成的」とは、人数やテーマ、時間などの条件を付けることで、「エンカウンター」とは、ホンネでの感情の交流ができる人間関係のこと、つまり「出会い」とか「触れ合い」ともいう。

　このスキルのキーワードは「自己開示」（ホンネを語ること）で、メンバーは、エクササイズを通して、感じたことや気づいたことをシェアリングの中で、自己開示し合う。そしてこのシェアリングを通して、リレーション（信頼関係）の形成が図られる。

　基本的な流れとしては、以下のようになる。

① ねらいと内容の説明
② ウォーミングアップ（心身の準備運動）
③ インストラクション（エクササイズの内容等の説明）
④ デモンストレーション（やり方の提示）
⑤ エクササイズの実施
⑥ シェアリング（気づきや感情の分かち合い）
⑦ まとめ（教師からのフィードバック）

教科指導などにおける導入、展開、まとめの流れと大まかな流れとしては同じであるが、

「自己理解」や「他者理解」等を深める手段として、シェアリングをとおして、一人一人の子どもが主体的に学べることがＳＧＥの特徴である。したがって、一定の流れはあるが、エクササイズやシェアリングが展開の中にあればＳＧＥととらえることができる。子どもの発達段階、実態に応じて、教師が自由にプログラムをアレンジできるのもＳＧＥの特徴であり、利点でもある。

　表6-2は、筆者が本プログラムを実践し、実施前後の比較で参加者の自尊感情が高くなることを確認し、友人関係の広がりや深まりも報告されたものである。

　つまり、ＳＧＥのように、まずその前提として子ども達に「安心感」を保証すること。

　例えば「相手が言ったりしたりすることを否定しないこと」などを集団生活

表6-2　ふれあいのある友人関係を育み、自尊感情を育てるSGEプログラム

流れ	エクササイズ名	ねらい	実施内容	準備物等
I	ニックネームを考えよう！	雰囲気作りと参加者への意欲づけ。	自分のニックネームを考え、名札に書き込む。	タックシール（人数分）、マジック（多色）
II	歩行者天国を一人で歩けば…	IIIとの比較。	無言で各自がイメージした歩行者天国を歩く。その後、感想を出し合う。	室内自由歩行
III	みんなでイェイ！	他者理解。IIとの比較。友だち（参加者）のことを知る。	室内を自由歩行し、出会った人とハイタッチし、「イェイ！」とか声をかけ合う。その後、感想を出し合う。	室内自由歩行
IV	みんなで握手！	他者理解。友だち（参加者）のことを知る。	室内を自由歩行し、出会った人と握手し、「○○が好きな△△です。よろしく！」と挨拶し合い、少し質問し合う。その後、感想を出し合う。	室内自由歩行
V	ニックネームの意味をおしえて！	他者理解。友だち（参加者）のことを知る。	2人組。「ニックネームの由来」を紹介し合う。その後、感想を出し合う。	いす
VI	私は私が大好き！	自己受容。参加者が自分の肯定的な側面に目が向けられるようにし、自尊感情を高める。	4～5人組。グループで「私は私が好き！わけは○○だから」と自分のよさを発表し合う。グループ成員は大きな拍手を送る。その後、感想を出し合う。	いす
VII	私だってなっかなか！	自己受容。自分のよさを見つめ直すことで、自尊感情を高める。	4～5人組。「私へのメッセージカード」を配り、自分へのプラスメッセージ、エールを書き、それを発表し合うことで自分のよさについて振り返る。グループ成員は大きな拍手を送る。その後、感想を出し合う。	メッセージ・カード（人数分）いす・つくえ
VIII	あなたって最高！	自己受容。他者より肯定的なメッセージを受け取ることで、自尊感情を高める。	4～5人組。一人1枚のカードを配り、まず自分の名前を書き、それを交換して名前の書いてある人へ、「その人のよさや努力点」を書き合う。班毎に号令をかけ自分の右隣の人にカードをまわす。カードを本人へ返し、それを読んだ感想を話し合う。BGMがあればさらに効果が上がる。	メッセージ・カード（人数分）いす・机

（住本、2003）

における基本的なマナーとして事前に徹底することが大切である。

次に「他者理解」をねらいとするエクササイズを中心にして子ども達同士の交流を進める。もちろん折にふれ、相手の人権を尊重した話し方や聞き方の指導を入れていく（教師は基本的にはＩメッセージ〔わたしメッセージ〕を使って。例えば「先生は、今の言い方だとＡさんの気持ちを傷つけているように思うんだ。Ａさんの立場で言い直してほしいと思うんだけど、どうだい？」）。

そして最後に、「自己受容」をねらいとするエクササイズを実践するのである。

（3）自他のよさに気づく体験

人は誰しも認められたいという欲求を持っており、この欲求が満たされない子どもは、友だちのよさを認める余裕はない。

したがって、いわゆる「いいとこ探し」のエクササイズをとおして、子ども達自身の自尊感情を高めたい。そしてまず個人の自尊感情を育て、次に友だちの「いいとこ探し」へと発展させていくのである。

表6-2で説明すると、「私は私が大好き！」のエクササイズ（4～5人組で、自分のよさを宣言し合う。「リフレーミング」も活用し、短所も長所に読み替える。例：頑固 → 意志が強い）で、「私も結構すてきじゃない！」「今のままの私もいいとこあるじゃない！」というように、まず自分自身の肯定的な面に目を向ける場を設定する。

次に、「私だってなっかなか！」のエクササイズ（4～5人組で、自分の長所や努力している所を自分へのメッセージカードに書き、それを発表し合う）で、自分のよさを見つめ直させる。

そして最後に「あなたって最高！」のエクササイズ（4～5人組。グループで各成員の素敵だと思う所をメッセージカードに書き手渡す）で他の人から「いいとこ探し」をしてもらう。

（4）シェアリングによる体験の共有化

　ＳＧＥのエクササイズ実施後に、シェアリングという、学級活動でいうなら、話合い活動にあたる活動を必ずする。つまり「私は今のエクササイズを終えて、こんなことを感じた」「私はこのエクササイズで、こんな発見をした」「Ｂさんが言ったことは、私の感じたことと違うけど、『なるほど』と思った」というように、各自の思いを尊重しながら、他の人の考えや思いを傾聴する習慣もついてくるのである。

　ＳＧＥのリーダーである教師が、エクササイズをリードして子ども達の豊かな友人関係を育むことは重要であるが、このシェアリングにおいても教師のリードによって、子ども達が「Ｃさんは私と同じ感想を持ったんだ」「なるほど、Ｄさんのような見方をした人もあったんだ」「いろんな感じ方、考え方があるけど、それはそれでその人の思いであり、みんな違ってみんないいんだ」のように実感していく。

　つまり、シェアリングのなかでも、教師が、子ども達の自尊感情を高めたり、友人関係を広げたり、深めるような言葉かけ、フィードバックをしていくことが大切である。

　例えば「Ｅさんは皆あまり気づかなかった○○という意見を出してくれたけれど、そのおかげでいろいろな見方ができるのだということがわかったと思うよ」のように進めていくのである。こういった教師自身による子ども達への「いいとこ探し」が、子ども達にとって「先生のようにすればいいのか」と友だちとのかかわり方のモデルを示すことにもなるのである。

　もちろんなかなか心を開こうとしない内気な子どももいるが、そういった子どもに対しては、教師自身の自己開示や自己主張によるモデルの提示や、常に子どものよさ、努力点を見つめようとする教師自身の子どもに向き合う姿勢も問われるところでもある。

　つまり、教師は常にカウンセリングマインドを持って子ども達をリードし、ルールについても徹底的に指導していくのである。したがって、教師が本技法に精通することによって、母性原理と父性原理のバランス感覚を身に付けていくのである。これは、教育相談を活かした生徒指導の実践そのものでもある。

（5）ＳＧＥによる不登校対策支援

　筆者は、現在大学で、学生相談を担当して6年目を迎えている。このような経験から、主に不登校の子ども達、その保護者の方々から学ばせていただいた、心のエネルギーを高める方法としては、以下の3点を挙げたい。
　①　受け止めてくれる人がいれば、心のエネルギーは高まる
　②　自分が好きなことに没頭すれば、心のエネルギーは高まる
　③　目標を設定し、その実現に向けての道程をイメージできれば、心のエネルギーは高まる

　①については、子どもが、受容し共感してくれるキーパーソン（伴走者）の存在を実感できれば、その人とのリレーションの上に、「安心感」を実感しながら、心のエネルギーは高められるということである。
　②については、不登校の状況にある子ども達は、絶えず、学校へ行けない自分を、周りの人達から責められ、場合によっては自分自身が責めている。そんな中にあって、自分がしたいことを自己決定し、それに没頭することで、自分を責めることも回避し、心のエネルギーは高められるのである。
　そして、③については、子どもが、短期的、中期的、長期的な目標を設定し、それらの目標実現への道筋をイメージできれば、多少の困難が現れようとも乗り越えていけるということである。当然そこにはキーパーソンの存在やプラス思考の習慣化等が重要になってくるのである。
　さて、ＳＧＥの活用によって、不登校児童生徒の自我を健全化できることにより、不登校が好転する。ＳＧＥプログラムを活用すれば、不登校児童生徒の現実判断力や適応力などが高まり、不登校状況が再登校へと結びつくのである。ただ、実践する際に留意しないといけないのは、技法はあくまで技法にしか過ぎないということを忘れてはいけないということである。
　前述のように、支援者が、不登校児童生徒の「生きる力」を育てることを目標とし、子ども達のキーパーソンになり、ＳＧＥを手段として、目の前の子ども達の心に寄り添ったエクササイズの展開を心掛けることが、本プログラムの要諦なのである。
　ＳＧＥについては、いじめや不登校等の子ども達の問題行動を予防すること

に効果があることが認められてきているが、本プログラムを実践すれば、不登校を好転させることにも効果があることがわかってきたのである。

では、なぜＳＧＥを活用すると不登校が好転するのであろうか。それは、ＳＧＥを通して、①自己理解　②他者理解　③自己受容　④信頼体験　⑤感受性

```
                    Ｓ　Ｇ　Ｅ
                ①ねらいと内容の説明
                      ↓
              ②ウォーミングアップ（心身の準備運動）
                      ↓
            ③インストラクション（エクササイズの内容等の説明）
                      ↓
              ④デモンストレーション（やり方の提示）
                      ↓
                ⑤エクササイズの実施
                      ↓
              ⑥シェアリング（気づきや感情の分かち合い）
                      ↓
              ⑦まとめ（教師からのフィードバック）
```

「自己理解」「他者理解」「自己受容」「信頼体験」「感受性」「自己主張」などの能力の促進

自尊感情の育成、人間関係力の向上

不登校児童生徒が「生きる力」を高める！

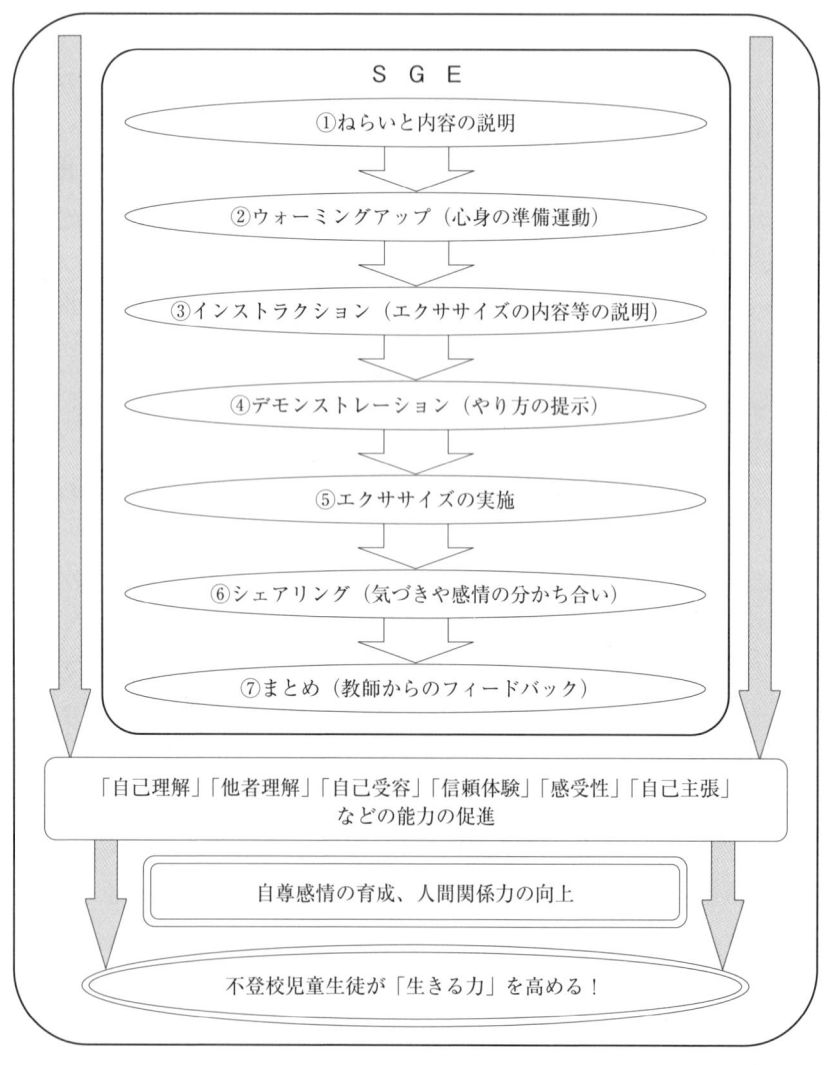

図6-1　SGEによる不登校対策支援

⑥自己主張の能力が促進され、これらの能力の向上が「自尊感情の育成」および「人間関係力の向上」につながり、不登校児童生徒が「生きる力」を高めていくのである（図6-1参照）。

（6）教師研修におけるSGEの効果

上地（1992）は、「カウンセリング研修における構成法の活用」の中で、SGEの効果として以下の6つを挙げている。

① 自己理解の深化
② 自己の否定的側面の受容
③ 自己の肯定化の促進
④ 防衛的態度から自己開示的態度への変化
⑤ 自分自身の価値観や判断力の重視
⑥ 受容的で親密な対人関係の促進

さらに、その中で上地は、SGEを実施する教師にとって自己開示することの重要性を強調しているが、自己開示はSGEのキーワードであると言っても過言ではない。

教師自身が、SGEの中で自己開示できない場合、学級の子どももなかなかホンネを語ろうとしない。逆に、教師自身が自己開示できると以下の理由でSGEの効果が上がる。

① 学級の子ども達に自己開示のモデルを示すことになる。
② 学級の子ども達が教師への親近感を高める。

表6-3は、教師がこのSGEプログラム研修を受講することで、教育相談を活かした生徒指導を実践しやすい資質を養成するのに適したものを示した。

以上、すべての子ども達を対象にした、予防的な観点からも注目されている開発的カウンセリングの一技法としてのSGEについて、教育現場の課題との関連で述べた。

筆者は、E市より、「不登校が多く、増加傾向にあるため、市内の全教職員（小・中学校）対象に、SGEの研修をしてほしい」との依頼を受け、教職員研修と子ども達へのモデル授業の実施を行った感想を付す（表6-4・表6-

表6-3　教師のためのSGEによる研修プログラム

流れ	エクササイズ名	ねらい	実施内容	準備物等
Ⅰ	ニックネームを考えよう！	雰囲気作りと参加者への意欲づけ。	自分のニックネームを考え、名札に書き込む。	タックシール（人数分）、マジック（多色）
Ⅱ	みんなでイェイ！	他者理解。参加者のことを知る。	室内を自由歩行し、出会った人とハイタッチし、「イェイ！」とかけ声をかけ合う。その後、感想を出し合う。	室内自由歩行
Ⅲ	ニックネームの意味をおしえて！	他者理解。参加者のことを知る。	3～4人組。「ニックネームの由来」を紹介し合う。その後、感想を出し合う。	いす。向き合って座る。
Ⅳ	私は私が大好き！	自己受容。参加者が自分の肯定的な側面に目が向けられるようにし、自尊感情を高める。	4～5人組。グループで「私は私が好き！わけは○○だから」と自分のよさを発表し合う。メンバーは拍手を送る。その後、感想を出し合う。	いす。向き合って座る。
Ⅴ	あなたって素敵！	自己受容。他者より肯定的なメッセージを受け取ることで、自尊感情を高める。	4～5人組。一人1枚のカードを配り、まず自分の名前を書き、それを交換して名前の書いてある人へ、「その人のよさや努力点」を書き合う。班毎に号令をかけ自分の右隣の人にカードをまわす。カードを本人へ返し、それを読んだ感想を話し合う。BGMがあればさらに効果が上がる。	メッセージ・カード（人数分）いす・机

5）。なお、E市教育委員会を中心にして全市を上げた取り組みでもあったため、その年度末には、E市教育委員会から、不登校児童生徒がゼロになったとのうれしい報告も受けている。

　いずれにしても、対症療法的な指導や援助は当然必要であり、大切なことではあるが、いじめ、不登校等、子ども達の問題行動が多様化、深刻化する現況にあっては、より予防的、開発的な教育活動の展開が望まれている。構成的グループエンカウンター、ソーシャルスキルトレーニング、ピアサポート、ストレスマネジメント教育等の活用が学校現場に強く求められているのである。日々、教育現場の最前線で奮闘している教師は、教育相談を活かした生徒指導

の実践のためにも、ＳＧＥ等、開発的カウンセリング技法の研修受講を強く勧めたい。そして、開発的カウンセリング技法を活用した教育相談なり、生徒指導の展開を強く望むものである。

表6-4 教職員の感想：SGE研修会後・受講者のSGE実践後

【研修直後】
○自分に対しても、他人（生徒）に対しても「悪いとこ探し」がほとんどであった（100％近い）が、「良いとこ探し」の大切さ、認めることの大切さを実感できた。
○自らの実習から、子どもの意見をよく聞き、受け入れ、認めることで、子どもは自分が認められた喜びや自分の存在を確認されたうれしさを子ども達自身の成長につなげていくことができると感じた。
○やはり、教師自身の自己開示がポイントだと実感した。
○リーダーがかなり深い自己開示をしており、これがＳＧＥのポイントだと感じた。

【研修受講者のＳＧＥ実践後】
○私自身が子ども一人一人の言動をまず受け入れようとするようになった。
○自分自身が子どもの心の動きや友人関係を以前より注目するようになったし、ゆとりを持って子ども達に接するようになった。
○学級のまとまりがよくなり、不登校生宅への届け物を子どもから申し出るようになった。
○子ども達の人間関係がよくなってきている。
○人の話を聴けるようになってきた。
○「いいとこ探し」を積み重ねることで、子ども達が自信を持つようになってきた。

表6-5 子どもの感想

【授業直後】
○とても楽しい授業だった。こんな授業をまた受けたい。
○自分や友だちのことについていろいろと考えたし、いろいろなことがわかったのでよかった。
○自分の「いいとこ」がわかったし、友だちの「いいとこ」もよくわかった。
○グループで話すことが多かったので話しやすかったし、質問もしやすかった。
　いろいろ質問したので先生や友だちの知らなかったところがよくわかった。
○ワークシートにメモ書きして発表したので、とても話しやすかった。
○「どうせ私なんか……」と思っていたが、友だちから「今のあなたで充分すてき！」のメッセージをもらったのでとてもうれしかった。

学習課題

（1）教育相談を進める際には、児童・生徒とのリレーションの形成が大切です。その理由について考えましょう。

（2）開発的カウンセリングの実際を、体験を通して学びましょう。

【参考文献】

住本克彦「人間関係のもつれから不登校になった子ども達の事例を通しての一考察」『平成9年度兵庫県立但馬やまびこの郷研究紀要』兵庫県教育委員会　兵庫県立但馬やまびこの郷　1998

上地安昭「カウンセリング研修における構成法の活用」國分康孝編『構成的グループ・エンカウンター』誠信書房　1992

住本克彦監修『高校生の生活と意識に関する調査報告書』兵庫県教育委員会・兵庫県高等学校生徒指導協議会　2009

住本克彦・古田猛志『教職員のカウンセリング研修における構成的グループエンカウンターの活用に関する一考察』兵庫教育大学発達心理臨床研究第十巻　2004

文部科学省『生徒指導提要』2010

文部省『生徒指導の実践上の諸問題とその解明』1966

文部省『生徒指導の手引き』1965

文部科学省　国立教育政策研究所『生徒指導上の諸問題の推移とこれからの生徒指導』ぎょうせい　2009

梶田叡一『意識としての自己―自己意識研究序説』金子書房　1998

河村茂雄『学級づくりのためのQ-U入門』図書文化社　2006

國分康孝・國分久子総編集『構成的グループエンカウンター事典』図書文化社　2004

小林正幸・相川充編著『ソーシャルスキル教育で子どもが変わる』図書文化社　1999

住本克彦「エンカウンターを生かした学校規模の不登校対策」「不登校を予防する学級経営とは」「私の人生の振り返り」國分康孝・國分久子監修、片野・川端・住本・山下編集『エンカウンターで不登校対応が変わる』図書文化社　2010

住本克彦・兵庫県立上郡高等学校「平成23年度（第1年次）文部科学省指定研究開発　社会人基礎力育成プログラム開発」2012

第7章

キャリア教育とは

・・・

　一昔前までは、勤続年数や年齢に応じて役職や賃金が上がる「年功序列」や定年まで働くことができるといった「終身雇用」の制度によって安定した雇用は守られていたといえる。しかし今日では、経済不況の中で生涯を通して同じ職場で働くという前提がなくなりつつあり、個人が社会環境の変化に直接対応する必要性が生じてきた。そうした社会環境の変化に学校教育としても対応すべく、児童・生徒が社会のさまざまな課題に対して柔軟にかつたくましく対応できる能力の育成が課題として取り上げられるようになった。

　本章では、キャリアとは何かを概観しながら、キャリア教育で育成すべき能力を取りあげ、小中高等学校で取り組むキャリア教育について述べる。キャリア教育は、決して特別な教育活動ではなく、日常の教育活動を通して、子ども達の学ぶ態度や意欲を育てながら、児童・生徒が社会とのつながりを見いだしていくための教育である。

1. キャリア教育とは

(1)「キャリア」の語源

「キャリア」という言葉をイメージすれば、キャリアアップ、キャリアプランニング、キャリアウーマン、キャリア官僚（国家公務員試験に合格した官僚）など、職業や仕事と結びついたものを連想するのではないだろうか。もともとキャリアという言葉は、中世ラテン語の「車道」を語源としており、英語（carrier）では、競馬場や競技場のコースやトラック（行路、足跡）を意味している。車道や行路という言葉を人が歩む道筋という言葉に置き換えてみると、人生という長い行路の中で、さまざまな出会いや経験という名の足跡を残していくと考えることができる。その足跡＝出会いや経験が、経歴や遍歴などを表すようになり、今日では、特別な訓練を要する職業や生涯の仕事、職業上の出世や成功をも含めた言葉としても扱われるようになった。

「キャリア」を含むそれぞれの用語は、使用される時代や場面によってその用法や意味の違いがみられるが、「個人」と「働くこと」との関係の上に成り立つという共通の概念を持っている。

(2) キャリア教育における「キャリア」の定義

キャリア教育の推進に関する総合的調査研究協力者会議（2004）は、キャリアを「個々人が生涯にわたって遂行する様々な立場や役割の連鎖及びその過程における自己と働くこととの関係付けや価値付けの累積」と定義した。この「個々人が生涯にわたって遂行する様々な立場や役割の連鎖」とは、スーパー（D.E.Super）が提唱した図7-1の「ライフ・キャリアの虹」（Super, 1980）をみるとわかりやすい。人は誕生から老年期に至るまで、さまざまな役割を担いながら生きている。「ライフ・キャリアの虹」では、子ども、学生、余暇人、市民、労働者、家庭人、退職者、その他の様々な役割で構成され、年齢に応じて遂行する役割の連鎖が図式化されている。人は、その時々に与えられたそれぞれの役割を同じように果たそうとするのではなく、自分にとっての重要性や

第7章 キャリア教育とは　103

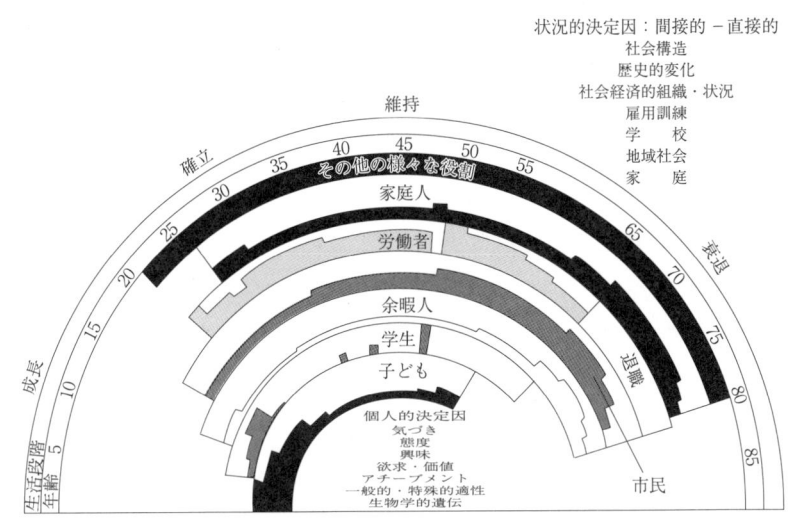

　　　　　　　　　　　　　　　　　　状況的決定因：間接的－直接的
　　　　　　　　　　　　　　　　　　　　社会構造
　　　　　　　　　　　　　　　　　　　　歴史的変化
　　　　　　維持　　　　　　　　　　　社会経済的組織・状況
　　　　　　　　　　　　　　　　　　　　雇用訓練
　　　　　　　　　　　　　　　　　　　　学　校
　　　　　　　　　　　　　　　　　　　　地域社会
　　　　　　　　　　　　　　　　　　　　家　庭

（図：ライフ・キャリアの虹。確立・維持・衰退・退職などの段階と、子ども・学生・余暇人・労働者・家庭人・市民などの役割、年齢5〜85歳が同心円状に示される。中央下部には個人的決定因：気づき、態度、興味、欲求・価値、アチーブメント、一般的・特殊的適性、生物学的遺伝と記される。）

―ある男性のライフ・キャリア―　「22歳に大学を卒業し、すぐに就職、26歳で結婚して、27歳で1児の父親となる。47歳の時に1年間社外研修。57歳で両親を失い、67歳で退職。78歳の時妻を失い81歳で生涯を終えた。」D. C. スーパーはこのようなライフ・キャリアを概念図化した。

図7-1　「ライフ・キャリアの虹」
（出典：「中学校・高等学校進路指導資料第1分冊」文部省（1992）から抜粋）

意味を考えながら、それらの役割と向き合い、その中で自己と働くこととの関係付けや価値観の形成をしていくのである。

　そして、社会との相互関係を保ちつつ、自分らしい生き方を実現していく過程のことを「キャリア発達」という。キャリア発達は、知的、身体的、情緒的、社会的発達とともに促進されるものであり、一人一人の能力や態度、資質は段階をおって育成されることを理解しておく必要がある。

　なお、2011年の中央教育審議会答申「今後の学校におけるキャリア教育・職業教育の在り方について」では、キャリア教育における「キャリア」の意味がより具体的に提示された。

　　人は、他者や社会とのかかわりの中で、職業人、家庭人、地域社会の一員等、様々な役割を担いながら生きている。これらの役割は、生涯という時間的な流れの中で変化しつつ積み重なり、つながっていくものである。またこのような役割の中には、所属する集団や組織から与えられたものや日常生活の中で特に意識せず習慣的に行っているものもあるが、人はこれらを含めた様々な役割の関係や価値を自ら判断し、取捨選択や創造を重ねながら取り組んでいる。人は、このような自分の役

割を果たして活動すること、つまり「働くこと」を通して、人や社会にかかわることになり、そのかかわり方の違いが「自分らしい生き方」となっていくものである。このように、人が生涯の中で様々な役割を果たす過程で、自らの役割の価値や自分と役割との関係を見いだしていく連なりや積み重ねが、「キャリア」の意味するところである。　　　　　　　　　　　　（※下線部分は筆者が引いたものである）

　ここで提示されている「働くこと」とは、単に職業生活のみを表しているのではないことに留意したい。それは、学校生活における係活動から、家庭内での育児や家事、地域貢献としてのボランティア活動等、個人がその学校生活、職業生活、家庭生活、市民生活等の生活の中で経験するさまざまな活動として幅広く捉える必要がある。このように、キャリア教育における「キャリア」の定義とは、単に職業上における役割遂行のことを示しているのではなく、生涯におけるさまざまな役割を通して、自分の役割や自分とその役割との関係を見いだしながら積み重ねていくものの総称ということができる。

2．キャリア教育の変遷

(1) キャリア教育のはじまり

　キャリア教育という言葉が学校教育の中ではじめて登場したのは1999年である。中央教育審議会は「初等中等教育と高等教育との接続の改善について（答申）」（1999）の中で、キャリア教育を「望ましい職業観・勤労観及び職業に関する知識や技能を身に付けさせるとともに、自己の個性を理解し、主体的に進路を選択する能力・態度を育てる教育」とし、①小学校段階から発達の段階に応じて実施すること、②家庭・地域と連携すること、③体験的な学習を重視すること、④学校ごとに目的を設定し、教育課程に位置づけて計画的に行うこととした。その後、2004年に文部科学省が「キャリア教育の推進に関する総合的調査研究協力者会議報告書」において、「児童生徒一人一人の勤労観・職業観を育てる教育」としてキャリア教育を推進しはじめたことから、この年をキャリア教育元年と呼ぶようになった。

　職業観とは、職業についての理解や考え方、その職業を通して果たす役割の

意味やその内容についての考え方であり、勤労観とは、職業のみならずボランティア・手伝いその他も含んだ日常生活における役割遂行等に対する考え方、つまり働くことそのものに対する考え方である。文部科学省が提唱した「勤労観・職業観の育成」を主軸としたキャリア教育が学校教育現場において展開されるにつれ、勤労観や職業観の育成のみに焦点が絞られ、社会的・職業的自立のために必要な能力や態度の育成が軽視されているのではないかという課題も取り上げられるようになった。

　社会的・職業的自立のために必要な能力や態度の育成を促すには、子どもたち自身がもつ社会的・職業的自立に対する内面的価値観を高めることが大切である。これは、単に職業観や勤労観の役割が持つ意味や内容を理解するだけでなく、その役割を生み出す根源的動機にふれる必要がある。例えば、パン工場での勤労を取りあげて考えてみると、パンを作る上で、製造・販売・営業といった役割はそれぞれ重要な任務を果たしているが、それぞれの担当者が「地域の皆さんに美味しいパンを提供したい」といった思い（根源的動機）を持って、その役割を果たしていることに児童や生徒が気付くことが重要であるということである。価値観とは、外界を通じて自己の内面に形成されることから、役割がもつ意味や内容への理解と同様、その役割に就く人々の思いを知るためにも、体験活動を通したキャリア教育の充実もより一層求められている。

（2）キャリア教育と進路指導の相違点

　キャリア教育が提唱されるまでは、進路指導と呼ばれることが一般的であった。キャリア教育や進路指導は、「生き方の指導」や「在り方生き方に関する指導」と呼ばれているが、その相違点について整理をしておく。
　キャリア教育の推進に関する総合的調査研究協力者会議における「児童生徒一人一人の勤労観、職業観を育てるために」（2004）の報告書の中では、「進路指導は、生徒が自らの生き方を考え、将来に対する目的意識を持ち、自らの意志と責任で進路を選択決定する能力・態度を身に付けることができるよう、指導・援助することである。定義・概念としては、キャリア教育との間に大きな差異は見られず、進路指導の取組は、キャリア教育の中核をなすということが

できる」とあり、キャリア教育と進路指導との間には概念的な差異はないとの指摘がされている。また、中央教育審議会答申（2011）においても、高等学校における進路指導を取り上げながら、「進路指導のねらいは、キャリア教育の目指すところとほぼ同じ」との見解が示されている。教育活動全体を通して、計画的・組織的に行われるものという点においては、キャリア教育と進路指導の差異はないが、進路指導という定着した言葉があるにもかかわらず、キャリア教育という新たな用語を使用する必要性はどこにあったのだろうか。

　キャリア教育は、その定義を前述したとおり、生涯を通して自分らしい生き方を実現していくものである。また、自分らしい生き方を実現する過程をキャリア発達と呼び、発達的視点を踏まえながら就学前段階から初等中等教育・高等教育、さらには学校から社会への移行に困難を抱える若者も対象として実施されている。一方で進路指導は、概念やねらいにおいてキャリア教育と差異はないが、学習指導要領上、中学校および高等学校に限定された教育活動である。また、進路指導の特徴として、中学生や高校生にとってみれば就職や入試を前提とした上級学校への進学が極めて大きな意味を持つことから、就職試験や入学試験に合格させるための支援や指導に終始する「出口指導」の実施も進路指導として呼びならわされてきた現状があった。そのため、本来の理念である「生き方の指導」をキャリア教育という新たな用語の普及・浸透を通じて、理念とかけ離れた理解（例：出口指導）の蔓延を防ごうとするねらいがある。

3．キャリア教育で育成すべき力とは何か

（1）キャリア教育で育成すべき力①「4領域8能力」

　国立教育政策研究所生徒指導研究センターは、「児童生徒の職業感・勤労感を育む教育の推進について」（2002.11）の中で、キャリア教育で育成すべき力として、「人間関係形成能力」「情報活用能力」「将来設計能力」「意思決定能力」の4領域8能力（表7-1）を提示した。

　これらの4領域8能力は、それぞれが関連し合いながら総合的に教育されるものであり、児童・生徒の実態や生活環境を考慮した上で、教師自身が児童・

表7-1 キャリア教育で育成すべき力①「4領域8能力」

職業的（進路）発達にかかわる諸能力	
領域と説明	能力と説明
【人間関係形成能力】 他者の個性を尊重し、自己の個性を発揮しながら、様々な人々とコミュニケーションを図り、協力・共同してものごとに取り組む。	[自他の理解能力] 自己理解を深め、他者の多様な個性を理解し、互いに認め合うことを大切にして行動していく能力
	[コミュニケーション能力] 多様な集団・組織の中で、コミュニケーションや豊かな人間関係を築きながら、自己の成長を果たしていく能力
【情報活用能力】 学ぶこと・働くことの意義や役割及びその多様性を理解し、幅広く情報を活用して、自己の進路や生き方の選択に生かす。	[情報収集・探索能力] 進路や職業等に関する様々な情報を収集・探索するとともに、必要な情報を選択・活用し、自己の進路や生き方を考えていく能力
	[職業理解能力] 様々な体験等を通して、学校で学ぶことと社会・職業生活との関連や、今しなければならないことなどを理解していく能力
【将来設計能力】 夢や希望を持って将来の生き方や生活を考え、社会の現実を踏まえながら、前向きに自己の将来を設計する。	[役割把握・認識能力] 生活・仕事上の多様な役割や意義及びその関連等を理解し、自己の果たすべき役割等についての認識を深めていく能力
	[計画実行能力] 目標とすべき将来の生き方や進路を考え、それを実現するための進路計画を立て、実際の選択行動等で実行していく能力
【意思決定能力】 自らの意志と責任でよりよい選択・決定を行うとともに、その過程での課題や葛藤に積極的に取り組み克服する。	[選択能力] 様々な選択肢について比較検討したり、葛藤を克服したりして、主体的に判断し、自らにふさわしい選択・決定を行っていく能力
	[課題解決能力] 意思決定に伴う責任を受け入れ、選択結果に適応するとともに、希望する進路の実現に向け、自ら課題を設定してその解決に取り組む能力

出典：国立教育政策研究所生徒指導研究センター（2002.11）「職業観・勤労感をはぐくむ学習プログラムの枠組み(例)――職業的(進路)発達にかかわる諸能力の育成の視点から」から抜粋

生徒の「育てたい力」として設定することが望ましい。そして、この4領域8能力が学校教育現場で広く活用されはじめると、以下の指摘もされるようになった。

・高等学校までの想定にとどまっているため、生涯を通じて育成される能力という観点が薄く、社会人として実際に求められる能力との共通言語となっていない。
・提示されている能力は例示にもかかわらず、学校現場では固定的にとらえている場合が多い。
・領域や能力の説明について十分な理解がなされないまま、能力等の名称（「○○能力」というラベル）の語感や印象に依拠した実践が散見される。
（出典：文部科学省編「小学校キャリア教育の手引き〈改訂版〉」2011.5、p.13）

中央教育審議会では、上記の4領域8能力の課題を克服するために、人間力（内閣府、2002）や社会人基礎力（経済産業省、2006）、就職基礎能力（厚生労働省、2007）で扱われた能力群の指標を分析し、次の(2)で取り上げる「基礎的・汎用的能力」（中央教育審議会、2011）を新たに提示した。

（2）キャリア教育で育成すべき力②「基礎的・汎用的能力」
　基礎的・汎用的能力は、「自己理解・自己管理能力」「人間関係形成・社会形成能力」「キャリアプランニング能力」「課題対応能力」によって構成されている。
　第一に「自己理解・自己管理能力」とは、キャリア形成や人間関係形成における基盤となるものである。子どもや若者の自信のなさや自己肯定感の低さが指摘される今日、これらの能力は子ども自身が「やればできる」と考えて主体的に行動できる力であり、社会における人とのかかわりの中で、時には自らの思考や感情を律しながらも今後の自分の成長のために進んで学ぼうとする力である。また、変化の激しい社会環境下において、たくましく柔軟に生きていくためには「忍耐力」や「ストレスマネジメント」が重要であり、育成すべき具体的な要素に含まれている。
　第二に「人間関係形成・社会形成能力」とは、人が日常生活を営み、また仕事をしていく上で基礎となる能力である。特に、価値の多様化が進む現代社会

表7-2 キャリア教育で育成すべき力② 「基礎力・汎用的能力」

新しく提示された「基礎的・汎用的能力」中央教育審議会（2011.1）	育成すべき具体的な要素	従来の「4領域8能力」国立教育政策研究所生徒指導研究センター（2002.11）
自己理解・自己管理能力	自己の役割の理解 前向きに考える力 自己の動機付け 忍耐力 ストレスマネジメント 主体的行動　等	人間関係形成能力 ・自他の理解能力
人間関係形成・社会形成能力	他者の個性を理解する力 他者に働きかける力 コミュニケーション・スキル チームワーク リーダーシップ　等	人間関係形成能力 ・自他の理解能力 ・コミュニケーション能力
キャリアプランニング能力	学ぶ働く事の意義や役割の理解 多様性の理解 将来設計 選択 行動と改善　等	情報活用能力 ・情報収集・探索能力 ・職業理解能力 将来設計能力 ・役割把握・認識能力 ・計画実行能力 意思決定能力 ・選択能力 ・課題解決能力
課題対応能力	情報の理解・選択・処理等 本質の理解 原因の追求 課題発見 計画立案 実行力 評価・改善　等	将来設計能力 ・計画実行能力 ・意思決定能力 ・課題解決能力

出典：中央教育審議会（2011.1）「今後の学校におけるキャリア教育・職業教育の在り方について（答申）」をもとに筆者作成

においては、性別、年齢、個性、価値観等、多様な人材が活躍しており、様々な他者の考えや立場を認めつつ、相手の意見を聴いて自分の考えを正確に伝えて協働できる力が必要である。

　第三に「キャリアプランニング能力」とは、自分が果たすべき様々な立場や役割との関連を考えながら「働くこと」の意義を見出し、多様な生き方に関す

る情報を適切に取捨選択・活用しながらキャリアを形成していく力である。これは、社会的・職業的自立をした生活をするために生涯にわたって必要となる能力である。

　第四に「課題対応能力」とは、仕事をする上での様々な課題を発見・分析し、適切な計画を立ててその課題を解決することができる力である。知識基盤社会の到来やグローバル化等を踏まえ、従来の考え方や方法にとらわれずに物事を前に進めていくための力である。さらに、社会の情報化に伴って、情報及び情報手段を主体的に選択し活用する力を身に付けることも求められている。

　これら基礎的・汎用的能力は、社会的・職業的自立をするための必要な能力を「より一層現実に即した形で」育成しようとするものであり、この点を踏まえて実施をする必要がある。

4．小学校・中学校・高等学校で取り組むキャリア教育とは

　ここでは、小学校・中学校・高等学校におけるキャリア教育の取り組みについて、文部科学省の『小学校・中学校・高等学校キャリア教育推進の手引き〈改訂版〉』（2011.5）を参考にして解説をする。

　小中高等学校のキャリア教育では、それぞれの段階において4つの目標（キャリア発達課題）が設定されている。この目標への理解を深めるために、目標を達成するための小項目（表7−3、表7−4、表7−5）を載せておいた。課題設定の留意点としては、教師が子ども達の日々の育ちを確認しながら、各学校や地域の実情に合わせて行うことである。また、日常生活や各教科、道徳、総合的な学習および特別活動で指導するべきことなどをキャリア教育の全体計画に記述するとともに、年間指導計画にも組み込み、横断的・計画的に指導することが重要である。

（1）小学校におけるキャリア教育

　小学校におけるキャリア教育では、日常生活を通して、人、社会、自然、文化とかかわる体験活動を設定することが大切である。また、日常生活における

表7-3　(例)小学校におけるキャリア発達課題の小項目

低学年	中学年	高学年
学校への適応	友達づくり、集団の結束力づくり	集団の中での役割の自覚、中学校への心の準備
(a) 小学校生活に適応する (b) 身の回りの事象への関心を高める (c) 自分の好きなことを見つけて、のびのびと活動する	(d) 友だちと協力して活動する中でかかわりを深める (e) 自分の持ち味を発揮し、役割を自覚する	(f) 自分の役割や責任を果たし、役立つ喜びを体得する (g) 集団の中で自己を生かす

家での家事手伝いや学校での係活動・清掃活動といったさまざまな役割を通して、自分の役割を果たそうとする意欲や態度を育成することが求められる。

小学校におけるキャリア教育の段階は、「進路の探索・選択にかかる基盤形成の時期」であり、達成すべき目標（キャリア発達課題）は、①自己及び他者への積極的関心の形成・発展、②身のまわりの仕事や環境への関心・意欲の向上、③夢や希望、憧れる自己イメージの獲得、④勤労を重んじ目標に向かって努力する態度の形成の4項目である。

① 自己及び他者への積極的関心の形成・発展

他者とコミュニケーションをとる能力や態度を中心として、挨拶や返事、応答の仕方などの基本的な生活習慣の確立や、遊びや集団活動を通しての人間関係形成能力の育成など、具体的な目標を設定することが望まれる。これは、たとえば、低学年の (a)「小学校生活に適応する」といった集団生活への適応を通して達成される目標である。

② 身のまわりの仕事や環境への関心・意欲の向上

子ども達の発達段階と行動範囲に応じて、かかわり合う人への関心や働くことの理解、または働く人への感謝の気持ちを高めるなど、仕事に関する知識を広げるだけでなく、意識面での成長を促す必要がある。これは、低学年の (b)「身の回りの事象への関心を高める」ことから始まり、中学年の (d)「友だちと協力して活動する中でかかわりを深める」へと意識面での成長を促す必要がある。

③　夢や希望、憧れる自己イメージの獲得

　働くことの価値を形成し、社会の分業についての理解を深めることや、自分の仕事を自分で意思決定する能力を高めることが目標となる。集団の中で役割を果たすことの有用感や誰かの世話になっていることへの感謝の気持ちを基盤として、仕事をすることのすばらしさを感じ取らせたい。また、自分のやりたいことや将来の希望など、自己実現に向けて努力する意欲を持たせることも重要となる。これについては、低学年における (c)「自分の好きなことを見つけて、のびのびと活動する」ことの育成を通して、中学年の (e)「自分の持ち味を発揮し、役割を自覚する」へと進展する実践が必要となる。高学年では、(f)「自分の役割や責任を果たし、役立つ喜びを体得する」のように役割への責任を達成する喜びを経験させることを通して、肯定的な自己イメージの獲得を目指す。

④　勤労を重んじ目標に向かって努力する態度の形成

　集団や社会のために働いている人の存在を理解し、感謝の気持ちを高めるとともに、自分の役割について考え、自分の能力を生かして積極的に仕事をする意識や態度を育てることが目標となる。これは、4つの目標の集大成ともいえるだろう。高学年における (g)「集団の中で自己を生かす」には、集団の中で自ら役割を発見し、集団が掲げる目標に向かって努力をすることの大切さを理解させることが重要である。

(2) 中学校におけるキャリア教育

　中学校におけるキャリア教育では、社会における自らの役割や将来の生き方や働き方について考えさせるとともに、目標に向かって計画的に取り組む態度の育成等、体験活動（職場体験等）を通じて理解を深めさせながら進路の選択・決定へと導くことが重要である。また、高等学校への入学をはじめとする進路選択をせまられ、自分の意志と責任で決定しなければならない時期でもある。

　中学校におけるキャリア教育の段階は、「現実的探索と暫定的選択の時期」であり、達成すべき目標（キャリア発達課題）は、①肯定的自己理解と自己有用感の獲得、②興味・関心等に基づく職業観・勤労観の形成、③進路計画の立

表7-4　(例)中学校におけるキャリア発達課題の小項目

1年生	2年生	3年生
(a) 自分の良さや個性がわかる (b) 自己と他者の違いに気付き、尊重しようとする (c) 集団の一員としての役割を理解し、それを果たそうとする (d) 学習の過程を振り返り、次の選択場面に生かそうとする (e) 将来に対する漠然とした夢や憧れを抱く	(f) 社会の一員としての自覚が芽生えるとともに、社会や大人を客観的に捉えるようになる (g) よりよい生活や学習、進路や生き方等を目指して自ら課題を見出す大切さを理解する (h) 将来への夢を達成する上での現実の問題に直面し、模索する	(i) 社会の一員としての参加には義務と責任が伴うことを理解する (j) 課題に積極的に取り組み、主体的に解決しようとする (k) 将来設計を達成するための困難を理解し、それを克服するための努力をする

案と暫定的選択、④生き方や進路に関する現実的探索の4項目である。

① 肯定的自己理解と自己有用感の獲得

　自分自身の良さや得意分野を理解することや能力・適性・価値観等についての基本的・総合的理解を得ることが目標となる。1年生の(a)「自分の良さや個性がわかる」と(b)「自己と他者の違いに気付き、尊重しようとする」が、この目標達成のための主な課題となる。

② 興味・関心等に基づく職業観・勤労観の形成

　働くことの厳しさや喜びを体得しながら、職業についての理解や職業観・勤労観の形成を深めることが目標となる。まず、この目標達成は、1年生の(e)「将来に対する漠然とした夢や憧れを抱く」ことからはじまる。職業観・勤労観は、日常における役割の遂行に対する考え方そのものであり、(c)「集団の一員としての役割を理解し、それを果たそうとする」がこの課題に該当する。そして、2年生の(f)「社会の一員としての自覚が芽生えるとともに、社会や大人を客観的に捉えるようになる」といった実践を通して、3年生の(i)「社会の一員としての参加には義務と責任が伴うことを理解する」ことを自覚させていく。1年生から3年生までの課題を通して、自分の関心や憧れに基づいた職業観・勤労観を形成していくことになる。

③　進路計画の立案と暫定的選択

　就職や高等学校等への進学を考え、希望する進路先の進路計画の立案と暫定的な選択情報を入手して理解を深め、自覚をもって進路を選択することが目標となる。進路計画を立てる中で、自己が抱く理想と現実とのギャップは、よく起こることである。1年生から、(d)「学習の過程を振り返り、次の選択場面に生かそうとする」といった意識をさせながら、2年生の (g)「よりよい生活や学習、進路や生き方等を目指して自ら課題を見出す大切さを理解する」や3年生の (j)「課題に積極的に取り組み、主体的に解決しようとする」といった課題設定能力から課題解決能力の形成へと発展させるように促す必要がある。

④　生き方や進路に関する現実的探索

　生き方や進路に関する現実的な探索を通して、仕事や勉学について探索活動を行うための方法などを理解することが目標となる。これは、2年生の (h)「将来への夢を達成する上での現実の問題に直面し、模索する」や3年生の (k)「将来設計を達成するための困難を理解し、それを克服するための努力をする」の課題を通して達成される。将来の夢を現実的に考えた場合、困難に直面することは多く、どのようにすれば上手くいくのかを模索することになるだろう。目標や夢の達成には困難がつきものであるが、その現実を理解した上で、その困難さを克服する努力に向かわせることが必要となる。

(3) 高等学校におけるキャリア教育

　高等学校におけるキャリア教育では、生徒のキャリア発達を支援し、望ましい勤労観や職業観の育成を通して、多様な選択肢から自己の意志と責任において進路を主体的に選択させることが重要である。高等学校は義務教育ではないため、その地域のほぼ全員が同じ学区の学校に通うという構図が崩れる。必然的に、学力面や能力面、将来目標においても比較的近い立場の人間と共に過ごすことになることが想定できる。

　高等学校におけるキャリア教育の段階は、「現実的探索・試行と社会的移行準備の時期」であり、達成すべき目標（キャリア発達課題）は、①自己理解の深化と自己受容、②選択基準としての職業観・勤労観の確立、③将来設計の立

表7-5　(例)高等学校におけるキャリア発達課題の小項目

1年生	2年生	3年生
(a) 新しい環境に適応するとともに他者との望ましい人間関係を構築する (b) 学習活動を通して自己の能力適性を理解する (c) 様々な情報を収集し進路選択の幅を広げる	(d) 他者の価値観や個性を肯定的に認め、受容する (e) 学習活動を通して勤労観・職業観を育成する (f) 自己の職業的な能力適性を理解し将来設計を図る (g) 進路実現に向けた課題を理解し、検討する	(h) 自己の能力適性を的確に判断し、卒業後の進路について具体的な目標と課題を定め実行に移す (i) 理想と現実の葛藤を通して困難を克服するスキルを身に付ける

案と社会的移行の準備、④進路の現実吟味と試行的参加の4項目である。

① 自己理解の深化と自己受容

　現実的な将来の選択をするためにも、就職を希望する者には職業適性診断などの検査やキャリア・カウンセリングを通した自己の理解を深める等、自己の能力適性をより具体的に把握することが目標となる。1年生の(b)「学習活動を通して自己の能力適性を理解する」の課題では、自己理解を深めるにあたって、不安感や焦燥感を持つ生徒もいることにも留意をする必要がある。

② 選択基準としての職業観・勤労観の確立

　進路選択は、人生における大きな選択の一つである。そのため、講演会の聴講や職場を知るためのインターンシップ体験等を通して自己の職業観・勤労観を確立することが目標となる。1年生の(c)「様々な情報を収集し進路選択の幅を広げる」ことは重要であり、その上で、2年生の(f)「自己の職業的な能力適性を理解し将来設計を図る」という課題を育成することになる。

③ 将来設計の立案と社会的移行の準備

　ホームルーム活動や各種ガイダンス活動を通して、自分の能力適性も把握しつつ、将来設計を自ら立てることが目標となる。高校2年生にもなれば、職業的な能力適性を把握しておく必要があり、2年生の(f)「自己の職業的な能力適性を理解し将来設計を図る」に基づいて、3年生の(h)「自己の能力適性を的確に判断し、卒業後の進路について具体的な目標と課題を定め実行に移す」ことの重要性も早めに気付かせることが大切である。

④　進路の現実吟味と試行的参加

　進路の実現のためには、職業適性検査や性格検査等の受講や職場体験・体験入学等、主体的に活動を行うことが目標となる。進路の実現に向けて乗り越えるべき課題は多く存在するものである。2年生には自分の持っている課題を直視させ (g)「進路実現に向けた課題を理解し、検討する」ことが必要となる。自分の持つ理想を実現するためには、困難な課題も克服しなければならないという現実を理解させることは、3年生の (i)「理想と現実の葛藤を通して困難を克服するスキルを身に付ける」ことであり、社会の変化に柔軟に対応できる能力としても育成すべき項目である。これは、高等学校におけるキャリア教育の最大の目標でもあると言えるだろう。

5．今後のキャリア教育における課題

　キャリア教育の必要性や意義への理解は、学校教育の中で高まっており、実際の成果も数多く見られるようになった。しかし、「新しい教育活動を指すものではない」ということが、従来の教育のままでよいと誤解されたり、「体験活動が重要」という側面のみから、職場体験活動の実施をもってキャリア教育を行ったものとみなす傾向が指摘されるなど、各教員の受け止め方や実践の内容・水準には、ばらつきが見られるとの指摘がある（中央教育審議会（2011.1)「今後の学校におけるキャリア教育・職業教育の在り方について（答申）」)。

　このような背景としては、キャリア教育のとらえ方が変化してきた経緯が十分に整理されてこなかったことも一因と考えられ、今後は、本章でも取り上げた「キャリア」の定義や「キャリア発達」についての理解を深めていくことが求められるだろう。

学習課題

（1）文部科学省編（2011.5）『小学校キャリア教育の手引き』等を参考にして、小学校・中学校・高等学校で実施するためのキャリア教育の指導計画を書いてみよう。

【参考文献】
文部省『中学校・高等学校進路指導資料第1分冊』1992
国立教育政策研究所『児童生徒の職業感・勤労感を育む教育の推進について』2002
国立教育政策研究所編『キャリア教育への招待』東洋館出版社　2007
日本キャリア教育学会編『キャリア教育概説』東洋館出版社　2008
中央教育審議会答申『今後の学校におけるキャリア教育・職業教育の在り方について』2011
文部科学省編『小学校キャリア教育の手引き〈改訂版〉』教育出版　2011
文部科学省編『中学校キャリア教育の手引き〈改訂版〉』教育出版　2011
文部科学省編『高等学校キャリア教育の手引き〈改訂版〉』教育出版　2011
国立教育政策研究所生徒指導研究センター編『キャリア教育のススメ』東京書籍　2012

第8章

教師の仕事

　本章では、教師の仕事とは何か。そしてその仕事を全うするための、資質と能力は何であるかを考える。なぜなら、教育の結果は、実際に教壇に立つ教員の質によって決定されるからである。「使命感」をもち「職務遂行能力」がある教師を多く育てなければ、制度をいくら改革しても、質の高い教育を実現することはできない。そのためにはまず計画的で継続的な研修が必要である。

　まず大学の学部における教員養成時における教科指導や生徒指導に関する最小限必要な資質能力について述べる。次に採用された年度に受ける初任者研修や10年経験者研修に視点を当てて述べる。また社会的な問題となった指導力が不足している教員のための研修及び夏休みなどの長期休業中の研修についても述べる。

　最後に、「教師力」として求められるもの、そしてその基盤となる「人間力」についても、学生諸君の生き方と結び付けて考えていただきたい。

1. 教師とは何か

(1) 専門職業人としての教師

　教師とは「子どもの成長発達に責任を持つ専門職業人」である。子どもは本来、その内側に身体的にも知的にも道徳的にも、自ら成長する姿勢や力を備えているものである。しかし、手放しの児童尊重や無責任な放任教育では、その成長と発達を保障することはできない。それを確実に実現していくためには、教師を代表とする子どもと専門的なかかわりをもつ指導者がいなければならない。専門職業人としての教師は、一人ひとりの子どもが、自分自身の成長と発達の力が発揮できる場を用意しなければならない。さらに、子どもの取り組みや努力を方向付けて価値づけるなどの、具体的な指導を行わなければならない。
　この具体的な活動が行われる場こそが学校であり、子どもを指導する専門職業人が教師である。学校教育とは私達の社会の未来と一人ひとりの子どもの未来を創ることであり、それを責任をもって担うのが教師という存在である。

(2) 労働者としての教師・聖職者としての教師

　一部の年配教師のなかには、「教師は労働者である」「教師は聖職者である」という偏った考え方が少し残っている。それは、1970年代の政治的な動きの影響を受けているといえる。1952(昭和27)年に日教組が定期大会で決定した「教師の倫理要項」において、「教師は労働者である」と規定し、「階級闘争を担う労働者階級の一翼としての教師」という位置付けをしたことに依っている。当時は「国家権力の根幹は軍事と教育である」という主張をよく耳にしたものである。
　1974(昭和49)年の参議院選挙では、当時の日教組主流派の社会党が「労働者の性格を持つことは否定しないが、聖職の面を持つ」と主張した。それに対し自由民主党は「教師は聖職である」とし、公明党は「教師は使命職である」として対立したことがある。当時は教師の大多数が、日教組の組合員だったので、教師は労働者であるという意識が学校現場に浸透していった。当時の日本社会

では経済成長に減速傾向が見られ、基幹産業である鉄鋼や流通などで労働者のストライキが行われるなど、このような社会的な背景も影響を与えていたといえる。

教師に労働者意識が浸透したからといっても、教師としての固有の「使命感」が放棄されたわけではない。多くの教師は、「職務遂行能力」の維持向上のために不可欠な授業研究や教材研究に励んでいた。残念なことに、ごく一部の偏った地域では、教師の「サラリーマン化」「デモシカ先生（教師でもしようか・教師にしかなれない）」という考えが進行していたといえる。

2．教師の養成

1949（昭和24）年、教員免許の開放性が実施された。これは、戦前の教員養成が師範学校のみで行われていた結果、画一的な「師範タイプ」呼ばれる教師を養成してきたという反省により実施された。

戦後の教員養成は、高い教養、学問的な自由、専門的な学識に立脚した大学で行うこととなった。特定の教育学部・学科に免許取得を限定せず、他の学部・学科でも教職免許に必要な教科・教職の科目を履修すれば、教員免許が取得できる制度になった。

これは、多様な人材を教師として活用するという面では有効であったが、一方で免許取得を容易にし、将来に教師になる意志がないにもかかわらず、免許のみ取得することを許すこととなった。その結果、使命感の欠如した教師を生み出し、それが教育の質の低下に繋がっているとも指摘されている。

教員の資格を得るためには免許状が必要である。教育職員免許法第3条には「教育職員は、この法律により授与する各相当の免許状を有するものでなければならない」と定められている。また、同法第4条には「免許状は、普通免許状、特別免許状及び臨時免許状とする」とある。普通免許状には、学校種ごとの教諭免許状、養護教諭の免許状と栄養教諭の免許状がある。そしてそれぞれが、専修免許状（大学院修士修了）、一種免許状（大学卒業）、二種免許状（短期大学卒業）の3段階に区分されている。

1948(平成23)年1月に出された中央教育審議会の「教職生活の全体を通じた教員の資質向上の総合的な向上方策について」の中で、今後の教員養成のあり方について次のように述べている。教員養成は、教職生活に入る前の高度な専門性と社会性、実践的な指導力を身につける最初の段階であるという前提に立たなければならない。たとえ初任者の段階であっても、教員としての最低限必要な力を確実に身につける必要がある。教職専門と教科専門とをバランスよく十分に学び、一般的な教養や教職としての必要な教養、教科に関する深い専門性、実践的指導力を含め、教員としての総合的な力量の形成を重視するべきである。そのため、2010(平成22)年度入学生のカリキュラムから導入される教職実践演習の確実な実施など、大学における教員養成教育の質的な充実をさらに進めるとともに、学士課程修了後も、高度な実践的指導力を身につけるための学びを続け、確実に教員としての資質能力を向上させる必要がある。

　教師は、他の仕事と違い「まだ若いから」「1年目だから」といっても、教壇に立ったときから専門職であることが期待されている。子どもからも、保護者からも、社会一般からも教師として十分かと問われるのである。他の業種では、研修を積み一人前になるまでは、お得意様を担当させてもらえないことが多いが、教職の世界では初任者も20年の経験者も、同様に担任業務を行わなければならない。

3．教員の採用

　学生諸君が将来、教師としての採用辞令を受け取った時は、喜びとともに身が引き締まるような「使命感」抱き、日本の教育を担うという自負心を持つだろう。この「使命感」は教師として採用された時のみに持つのでなく、この職務を続けている中で、徐々に深化しつつ持続されなければならない。

　地方公務員法では、職員の職に欠員が生じた場合に、任命権者が採用する。公立学校の教員は、教員免許制度があり、採用資格の段階で既に教員としての一応の能力が実証されていることとなるので人物評価に重点を置く必要があることから、任命権を有する教育委員会の教育長の選考によるものとされている

(「教育公務員特例法」第11条)。

現実の手続きは、大量の志願者を選考する過程で、ペーパーテストなど競争試験と同様の手続きがとられている。もちろん、すぐれた人材を確保するために、教育者としての使命感・実践的指導力を多面的に評価することを行い、面接や実技試験や模擬授業なども導入し、選考方法が工夫されている。

まず、採用されると最初の一歩として、1年間は初任者研修を受けなければならない。初任者研修の目的は、初任者に学級や教科・科目を担当しながら、教師としての基礎的素養、学級経営、教科指導、道徳、特別活動、生徒指導など職務遂行に必要な基本的な事項を習得させることにある。「教育公務員特例法及び地方教育行政の組織及び運営に関する法律の一部を改正する法律」により1989(平成元)年4月1日から初任者研修制度が実施された。

校内における研修は週2日程度、年間60日程度で指導教員を中心に各教師が協力して指導に当たる。授業の実施、評価の方法、生徒理解やカウンセリング、学級経営の方法等、学校が編成した構内研修カリキュラムを実施することになる。校外における研修は週1日程度、年間30日程度行うものである。教職センター等での講義、演習、実技指導のほか他校種の学校や社会教育・児童福祉施設、デパート等の民間企業等での体験学習もある。その他、教育委員会主催の年間4泊5日程度の宿泊研修もある。

4．教師の研修

(1) 研修の義務

1年目の初任者研修が終われば、研修はもう終わりというわけではなく、それが不断に学びつづける教師の道のスタートラインに立つことになる。教員は2年目からもそのライフステージに応じた研修に励む義務がある。「教育基本法」第9条では、「法律に定める学校の教員は、自己の崇高な使命を自覚し、絶えず研究と修養に励み、その職責の遂行につとめなければならない」と規定されている。

また、「教育公務員特例法」第21条第1項は、「教育公務員は、その職責を

遂行するために、絶えず研究と修養に努めなければならない」として日ごろから研修に努める義務を定めている。同条第2項では、「教育公務員の任命権者は、教育公務員の研修について、それに要する施設、研修を奨励するための方途その他研修に関する計画を樹立し、その実施に努めなければならない」と研修の条件を整備することとその実施を義務付けている。

「教育公務員特例法」第22条には、研修について次のように定められている。
○教育公務員には、研修を受ける権利が与えられなければならない。
○教員は、授業に支障がない限り本属長（通常は校長）の承認を受けて、勤務場所を離れて研修を行うことができる。
　これは職務専念義務の免除を受けて勤務時間内に色々な研修会に参加することである。例えば夏休みなどの長期休業中に自宅で研修したりするのはこの特例を生かしているものである。
○教育公務員は任命権者の定めるところにより、現職のままで、長期にわたる研修を受けることができる。

(2) 研修の分類

教員の研修は、その内容に応じて法的に以下のように分類できる。
○勤務そのものとして行わせる命令研修
　文部科学省や都道府県教育委員会・市町村教育委員会などが主催する研修会へ出張命令で参加する研修である。これらは勤務の一部であり、研修を受講することそのものが職務となる。例えば学習指導要領が改訂される際の行政研修などは不可欠なもので、職務命令によって参加が求められる。
○職務専念義務免除の便宜を与えて行わせる職専免研修
　これは、研修に参加することが教員としての成長を促すと判断される場合に許可されるものである。「服務の専念に関する条例」などの規定に基づいて職務を免除して参加させるものである。職専免による研修は、命令研修と異なって、旅費の支給もなく、公務災害の適用もない。さらに職専免による研修の場合は、事前に研修の承認願いを出して許可をもら

う必要がある。
○ 勤務時間以外を利用して行う自主研修
　これは勤務時間以外の時間を使って行う個人的なレベルでの研修である。原則として年間20日間の年次休暇をあてて研修をすることとなる。そのため研修期間が長期になると実質的には参加が難しくなる。研修への参加費用もすべて自己負担となる。

(3) 大学院修学休業

「教育公務員特例法の一部を改正する法律」が公布され、2001(平成13)年4月1日から試行された。教員の専修免許状の取得を促進し、その資質の向上を図ることがねらいである。国公立の教員が職務に従事せず国内外の大学院の課程等に長期にわたり在学し、その課程を履修することができるようにした。

「教育公務員特例法」第22条第3項では、「教育公務員は、任命権者の定めるところにより、現職のままで、長期にわたる研修を受けることができる」ことと定めている。この規定により現職のままで、兵庫、上越、鳴門教育大学等の大学院への派遣による長期研修がおこなわれている。

多くの教員がこの制度を活用して大学院などで修学し、教員としての自己の専門、得意分野の伸長等、その力量の向上を図っていくことが期待されている。

(4) 10年経験者研修

教員として10年が経過すると、教育を巡る社会の状況も大きく変わり、該当の教員が大学で学んだ指導方法や子ども理解が現実的でなく通用しなくなる可能性が出てくる。またベテランの教員のクラスで、学級崩壊が起こるなどの新たな現象も出てきた。このような社会的な背景から10年経験者研修が打ち出されてきたのである。2002(平成14)年2月21日には中央教育審議会が「今後の教員免許制度のあり方について(答申)」を出し、この答申にもとづいて「10年経験者研修」が制度化された。

研修の具体的な実施方法は、任命権者が、各地域の実情に合わせて定めることになっているが、文部科学省では次のようなモデルを想定している。

○研修の実施に当たり、事前に授業状況等の観察等を通じて、個々の教諭等の能力、適性について評価を行い、その結果に基づき、教諭ごとの研修計画書を作成すること。

○長期・冬季の長期休業中に、20日間程度、教育センター等において研修計画書に基づき実施すること。

○2～3学期に、20日間程度、長期休業中の研修において習得した知識や経験を基に、主として校内において研修を実施すること。

○研修終了時に、個々の能力、適性等を再び評価し、その結果をその後の研修等に活用すること。

(5) 指導改善研修

2007(平成19)年、免許更新制の導入の際、「教育公務員特例法」が改正された。これにより公立学校の教員の任命権者は、児童生徒に対する指導が不適切であると認定された教員に対し、指導改善研修（期間は1年以内）を実施しなければならないと定められた（同法第25条）。

指導が不適切と認定される教員の具体例として2001(平成13)年8月29日付け文部科学事務官通知では、次のように述べている。「教える内容に誤りが多かったり、児童生徒の質問に正確に答えうることができない等」「ほとんど授業内容を板書するだけで児童生徒の質問を受け付けない等」「児童生徒の意見を全く聞かず、対話もしないなど、児童生徒とのコミュニケーションをとろうとしない等」のケースである。

指導改善研修に当たっては、その指導改善研修を受ける者ごとに、まず研修に関する計画書を作成しなければならない。そして、任命権者は、指導改善研修の終わりに指導の改善がどの程度なされたのかの認定を行わなければならない。認定に当たっては、教育や医学の専門家や保護者などの意見を聞いて、「指導力が不適切な教員」の認定を行うべきとなっている。そして、任命権者は研修の後、指導の改善が見られないと判断された者に対して、「免職その他の必要な処置」を講ずるものと定めた（同法第25条の3）。「その他の必要な処置」として考えられているのは、教職以外の行政一般職への転職である。

（6）長期休業中の研修

　学生諸君の中には、学校が長期休業なると教員も休みであると勘違いをして「教員は夏休みで遊んでいる」と誤解している人もいるだろう。しかし、法律的に見れば、夏季休業中も「勤務を要する日」である。つまり夏季休業中も原則として学校に出勤しなければならないのである。夏休み中に教員が学校に出勤しないことが認められるのは、年次有給休暇又は夏季特別休暇のほかは職務専念義務免除による自宅研修ということになる。

　職務専念義務免除による研修は、その内容が学校運営や教育活動に反映するものでなくてはいけないので、自宅での休養や個人的な用務など研修の実態が伴わないものは自宅研修として承認されない。「職専免による研修を許可された教員が、買い物している」等の地域住民からの批判の声も聞かれるので、その運用については適正化が求められている。

5．免許更新制

　2009（平成21）年から教育免許状（普通免許状・特別免許状）に一定（10年間）の有効期限を定め、免許状更新講習の課程を修了した教員等に免許状の更新を認める教員免許更新制度が導入された。この制度の基本的性格は、「その時々で求められる教員としての必要な資質能力が保持されるよう、定期的に必要な刷新を図る」（中央教育審議会・答申「今後の教員養成・免許制度の在り方について」平成18年7月）ことにある。

　この制度の導入により①全ての教員が、その時々で必要とされる最新の知識・技能の確実な習得が可能となり、②国・公・私立の学校設置者の別や知識を問わず、公教育全体の改善・充実を図ることができ、③さらに教員全体の専門性の向上が促進される効果も期待できる、と見なされている。

6．求められる教師像

「教育基本法」には、「法律に定める学校の教員は、自己の崇高な使命を深く自覚し、絶えず研修と修養に励み、その職責の遂行に努めなければならない」と述べられている。使命を自覚するとは、教師としての使命感を備えていることである。職務の遂行に努めるとは、教育の専門家としての職務遂行能力を備えていることである。

（1）教師としての使命感とは

「使命感」とは、教職に対する情熱である。子どもに対しての愛情と責任感である。これは、自分が今関わっている目前の子どもの未来と、自分が生きている今の世界と将来が、自分が日常的に取り組んでいる教育活動によって支えられるのだということへの深い洞察が必要である。今自分が指導している子どもが、10年後・20年後には、社会の中心的存在に育つと自覚して、日々の授業に当たることである。今の自分が行っている教育は、将来の日本の姿から検証を受けるのだという畏怖の念を持つべきである。

そして自分の教師という仕事は個人的なものではなく、未来の社会を担う後継者を育てる社会的な役割分担であるということを誇りとすることである。自己に与えられた使命を自覚し、社会に貢献することを決意し、そのために、常に学びつづける向上心を備えることである。

（2）教育の専門家としての力量とは

前述した中央教育審議会答申「新しい時代の義務教育を創造する」には教師の職務遂行能力として次のことが挙げられている。

1）子どもの内面を理解する力

授業が成立するためには、教師と一人ひとりの子どもとの間に教育的な信頼関係が存在することが不可欠である。教師は一人ひとりの子どもの持つ独自の内面世界への洞察力を持たなければならない。これがなくては、本当の意味で

の子ども理解もないし、彼らを指導することもできない。子ども理解の基礎に立って、教師はその内面世界そのものに働きかけ、内面世界に深く根付いた形で知的諸能力を育む。また子どもの持っている内面世界そのものも成長変化させていかなければならない。

教師が子どもの心を掴むためには、人間的な魅力と迫力が不可欠である。これは、何を教える場合も指導者には要求される。子どもに軽視されるような存在感のない人は指導者には向いていないといえる。存在感があるということを、大声を出して注目させる、目立つふるまいをするなどの低いレベルで捉えてはいけない。その人が、前に立ち声をかけると、子どもの目も耳も体全体も、おのずから教師のほうに注目するようでなくてはならない。親しみやすく、そして毅然とした態度、凛とした心に届く声などがここでは求められる。

子どもの内面を理解するためには、子どもの授業中の姿を知るだけではいけない。休み時間や給食や清掃の時間などを一緒に過ごし、授業中には見せないその姿を把握しなければならない。

2）学級集団づくりの力

教師は、子どもと子ども、教師と子どもの間に豊かな教育的関係を築く専門家でなければならない。教師が授業中に発問した際に、子どもが心の中で「よしやってみよう」となるように、言葉が子どもの心に届かなくてはいけない。子どもと教師の双方の気持ちが打てば響くような関係でなければいけない。教師は一生懸命語りかけているが、子どもは知らん顔で、他のことを考えているようではどうにもならない。打てば響く関係の基盤となる学級作りには、具体的に３つの条件がある。

第一に支えあう温かい共感的な文化のある学級である。学級会や終わりの会で「Ａさんがこんなことをしていました、謝って欲しいです」という発言が出るときがよくある。このような批判がまず一番に出るような学級では、子どもは安心できない。批判精神を養う事はもちろん重要だが、まずは仲間の良い所を認めて共感的な学級風土を創りたい。一部の活発な子どもに引きずられない公平な価値が充満していることも必要である。この学級風土は、教師の姿勢で決まるといっても過言ではない。低学年であるほど、子どもは教師の姿や価値

観を真似る。教師自身の人間性が学級の価値観形成に大きな影響を与えていることを自覚しなければならない。

　第二は、子ども全体が前向きの姿勢をもつ学級にしていくことである。最近は児童会の役員に、自ら立候補する高学年児童が少ないと聞く。自分の利益にならなければ学校全体という大きな枠組みで貢献する行動をしないのは残念である。学級の代表として児童会の役員を推薦して支えるという気持ちを一つに高めていく指導力が必要である。

　授業中の発表にしても、他の人には聞こえない独り言のような発言が続くのは聞き手を意識した交流し伝え合うという気持ちが少ないからとも言える。独り言のような発言が仲間に共有されず、どんどん指導案どおりに進んでいく授業に慣れた子どもは、話を聞く意欲を無くしていくだろう。

　第三は、規律のある学級である。集団での学習活動には、教師の的確な指示が不可欠である。かつて、授業の始めと終わりのチャイムを鳴らさないという取り組みが流行したことがある。この狙いは、自主的に子どもが時計を見て行動するため、子どもの思考をチャイムで断絶しないためというものだった。しかし残念なことに、趣旨を捉え違い、たらたらと始まってたらたらと終わるけじめのない授業になっている場合が見られた。子どもの自主性を大切にすると言う美名の下に、教師が規律をないがしろにしている授業が見られたのである。授業の始めと終わりの挨拶以外にも、「おはようございます」「こんにちは」などの日常の挨拶も大切である。学内の人や外来者に対してもはっきり挨拶ができる態度は、学級集団の規律にも良い影響を及ぼす。

　3）授業づくりの力

　教師の最も大切な仕事は、子どもに分かる良い授業をすることである。良い授業とは、それを受けている子ども達に広い意味での「学力」がつく授業である。良い授業をするためには、自分が担当する教科等の内容や道筋、指導のポイント、その知識の背景等について深い理解を持たなければならない。さらに単元全体の指導計画を作成し指導する上での目標と見通しを持つことが不可欠である。学年ごと単元ごとに、育てたい子どもの姿、教育成果として現れて欲しい力を明確にして、それとの関わりの中で、本時の狙いを位置付けることで

ある。

　多くの学校では、まだ本時中心の考え方があり、本時をどのように展開するかに最大の注意がはらわれがちである。梶田によると、「これは明治の初めに日本に欧米的な教授法が導入された際に、ヘルバルト主義に立つチラーの五段階教授法（分析・総合・連合・統計・方法）だとか、ラインの五段階教授法（予備・提示・比較・総括・応用）だとかいった方法で授業モデルが強調され、それを忠実にこなすことが良い授業とされた悪い影響に依る」とされている。当時の師範学校を通して、全国にこの考え方が浸透していったことが、現在も尾を引いているようである。

　例えば生活科で家族に感謝の手紙を書くのが本時の学習活動とするなら、それは「家族といっしょ」という10時間の単元を実施していく中での最後の授業になるだろう。その時間だけで内容や気持ちがこもった、家族への手紙が書けるものではない。もちろん本時の狙いはあるが、それは10時間で展開される単元の狙いと構造の中にきちんと組み込まれたものである。本時の狙いが突出すると全体の関連性が弱まり、実感の伴わない言葉が並んだ手紙になる。

　少なくとも単元をまとまりとした目標の分析・設定が必要である。「分かる」「できる」「覚える」という到達レベルの達成目標を明らかにして、その上で関心や意欲といった情意領域の目標や、思考力・問題解決能力など高次の認知能力に関わる向上目標の明確化を図らなければならない。さらに、これだけはこの段階で必ず体験させたいという体験目標も明確化しておくことが望ましい。このような3つのタイプの目標を明確化したうえで、授業に臨みたい。

　具体的な指導場面においては、教科書と黒板だけでなく広範な授業メディアを活用する能力が求められる。今日、電子黒板が使えないような教師では困る。

　4）形成的評価の力

　上記のように単元全体の目標を明確にして全体の指導計画を作成することのなかに、時々チェックポイントとして形成的な評価をすることが大切である。子どもがよく手を挙げて発表して授業は盛り上がったように見えるけれども、結果として力がついていなかったということがある。算数の掛け算で、色々な考えが出て盛り上がったが、最後に一あたりといくつ分が徹底できていなかっ

たという残念な場合もある。実際にわかっているか、力がついているかどうか、途中で小テストをしたり、ワークシートの記入をさせたり、自己評価表を書かせたりして確かめる必要がある。指導者が、この確かめをせずに表面的な活動スタイルだけに目を奪われて、子どもの思いを大切にした授業だったと満足してしまうことが心配である。

　形成的な評価とは、何かの結論を出すための評価ではない。単元の要所要所で行い、指導の手がかりを得ることと、次の課題設定のための評価である。つまり学習過程でのつまずきや、子どもがはまりやすい落とし穴とその対策を把握するのである。形成的な評価の研究は、成績づけの方法や理論と結びつけて考えることはほとんどない。形成的な評価は、子どもに一歩一歩力をつけていく、確かな授業をどのように組み立てるかの工夫をするためのものである。

　形成的評価理論に基づく授業作りとは、目標をどのように明確化し、その実現に向けてどのような指導計画を組み立てるか、その中に形成的評価をどう位置付けるかである。そして、出来上がった指導計画に適した教材を工夫し、教育機器を準備することである。

7．教師としての人間力

　教師に求められる資質は多面的であり、多層的である。初任者の時から身につけておくべきこと、教員生活10年目ぐらいには身につけてほしいこと、教職生活を通して徐々に深めて欲しいことがある。

（1）教師としての総合的人間的
　教師として求められるのは、まず一人の人間としてのあり方だろう。教師を目指す学生諸君は、きっと素直で純粋な若者だろう。教師は大学を出てから、子どもを相手に学校という狭い世界で働くだけに、良い意味でも悪い意味でも素直さや純粋さは、そのまま持続されることも少なくない。そのことが社会から世間知らずとか独善的などと批判をうける要因の一つになっていないかと考えてほしい。

そのため、教師を目指す諸君は、自らを社会的にも人間的にも成熟させていく努力を不断に重ねなくてはいけない。この努力とは自分自身が、世の中において教師という重要な役割をきちんと果たしていくという決意をもつことである。それと同時に一人の人間として、自分自身の独自の固有の世界に気づき、それを深めていく姿勢を持つことである。

 学校は、かつては地域の文化的な拠点であった。そこで働く教師は知識的教養人の一人であった。特に中国文化圏では、尊敬される存在であった。現代中国においては、教師に感謝する日として「教師の日」が設定されている。

（2）師範学校の教育者

 上記のような使命感にたって、職務を遂行するうえでの資質能力とはどのようなものだろうか。今から100年余り前の1903（明治36）年に刊行された師範学校『新編教育学教科書』（大瀬甚太郎著　金港堂書籍）では、最後の第4篇「教育者」の項で次のように述べられている。

> 　真に幼者を愛する者は、また自からその教職を愛するは自然の理なれどその職たる外面的地位高からず、かつ功を一時に顕す能わざるをもって、事業の困難なる割合には他の賞誉を受くること少く、その報酬も、その労を償うに足らざるがために、しばしば卑屈心を生じ、あるいはいたずらに他を羨みて転職の希望を生ぜしむることなしとせず、ゆえに赫赫たる外面的名誉を好み、奢侈の生活を希望するものは、もとより教育者に適せず、真の教育者は、その業務の高尚にして、慈愛的のものなることにおいて愉快を求め、しこうしてその養成したる児童が世に立ちて、よくその務めを行うに至るを見て、人類のために尽くししことの大なるを悟り、ここに真の快楽を感ずるものなり。
> 　教育者に徳望の必要なることもまた明らかなり、口に論理を説くのみにては、決して善行を奨励するに足らず、教育者は親しくその説くところを実行して、規範を児童に示す覚悟なかるべからず、口のみ道徳を説きて、素行の修まらざるものの、人の帰服を得る能わざるは、当然の理なり、すべての教育者に尊ぶところは、その性格をもって児童を薫陶するにあれば、徳性の完備は真の教育者を成すに最も必要となる条件というべし。

 ここに述べられているのは、教師としての基本的な生き方の理想である。学生諸君も、何故教師になりたいのかと自らに問いかけてほしい。多くの教師は

公務員であり、安定した生活が送れるからだろうか。周囲から先生と呼ばれて、社会的な名誉があるからだろうか。そうではないはずである。子どもを育てることを通して、人類の未来のために働くことができるという喜びの実感やそのための絶えざる研修が、教師としての不可欠な資質である。

学習課題

（1）教師の仕事は何ですか、簡単に説明しなさい。
（2）教員はどのような研修を受けなければなりませんか。
　　法的根拠と共に、ライフステージに合わせて説明をしなさい。
（3）研修を大きく分けるとどのような研修がありますか。
（4）教員に必要な資質と能力について5つ述べなさい。

【参考文献】
中田正浩編著『次世代の教職入門』大学教育出版　2011
安彦忠彦・石堂常世編『最新教育原理』勁草書房　2011
林勲編『教育の原理』法律文化社　2008
梶田叡一『教師力再興』明治図書　2010
教育法規研究会編『教育法規質疑応答集』ぎょうせい　2011

第9章

学校の経営組織

・・・

　学校現場では各教師が、目標を共有しともに力を合わせて、教科指導や生活指導、進路指導、学年経営や学級経営など数多くの業務に取り組んでいる。それらを効率的にかつ有効的に行うために、今後ますます組織としての「経営」が必要となってくる。

　学校が行う経営とは企業の「経営」利潤を追求する経営ではない。これからの日本を担う子どもたちが安心して、意欲的に学び、夢に挑戦、達成させるために学校とはどうあるべきか？　教師同士が励まし協力しあえる信頼関係の構築、誰もが役割意識を持てる教師間のチームづくりなど、組織を通し学校が行う「経営」というものについてこの章では紹介する。

1．組織としての学校

（1）学校経営

　学校経営を説明する前にまずは、教育経営という言葉の意味から入りたい。教育経営とは何か、『現代学校教育大辞典』第2巻を見ると、「教育の目的を効果的に達成するために、教育に関する組織・運営の主体と教育活動機能を総体的にとらえ、それらの計画と実施および改善の全体を総合的に把握していく概念」とされている。

　ということは、教育でいう経営は、ただ単に利潤を生みだす行為ではなく、愛情や義務感に基づく崇高な行為であり、営利企業が利潤を生みだすためだけに用いられるだけの言葉ではないことがわかる。

（2）組織経営

　学校経営を組織経営といった観点から考察すると、学校経営とは「各学校が組織として目標を定め一定期間にわたりその目標を具現化、達成する為に学校の中にある資源、予算・設備・情報・各教職員がもつ知識や経験、指導技術、学校外にある地域の教育施設や人材などの経営資源を駆使し、経営環境を最も有効な手段にて活用、効率的に児童・生徒の教育指導を円滑に実施する条件を整え、その維持や改善を図り教育の質の向上を目指す活動」である。

　経営は、校長により学校が示した、ミッション（目的・目標・使命・任務など）、ビジョン（教育目標の実現に向け、学校の将来像とそこに至る筋道を明らかにしたもの）を含めた教育目標の達成に向け、経営方針（学校経営計画）に基づき資源を駆使し、PDCAのマネジメントサイクルにのっとり、①Plan（計画）従来の実績や将来の予測などをもとにして計画を立て、②Do（実施・実行）その計画に沿って行い、③Check（点検・評価）そしてその実施・実行が計画に沿っているかどうかを確認し、④Action（処置・改善）実施が計画に沿っていない部分を調べて対処をしていく。

　この4段階を順次行うことにより、最後のActionを次のPDCAサイクルの

計画、Pにつなげ、螺旋を描くようにしてサイクルを向上（spiral up　スパイラルアップ）させ、教育活動のあらゆる場面で継続的に業務改善、充実を行っていくのである。これが学校経営マネジメントのプロセスである。

　さて、このプロセスを遂行するには、教職員の共通の理解と協力をもった、体制が必要である。その協力体制をつくるには、目標に対する思い、やる気、満足感を高め、お互いの信頼関係の中、目標を達成するには、何をいつまでにどのようにしていくべきかを考える事であり、これこそが営利、非営利に関係なく「経営」ということになっていくのである。

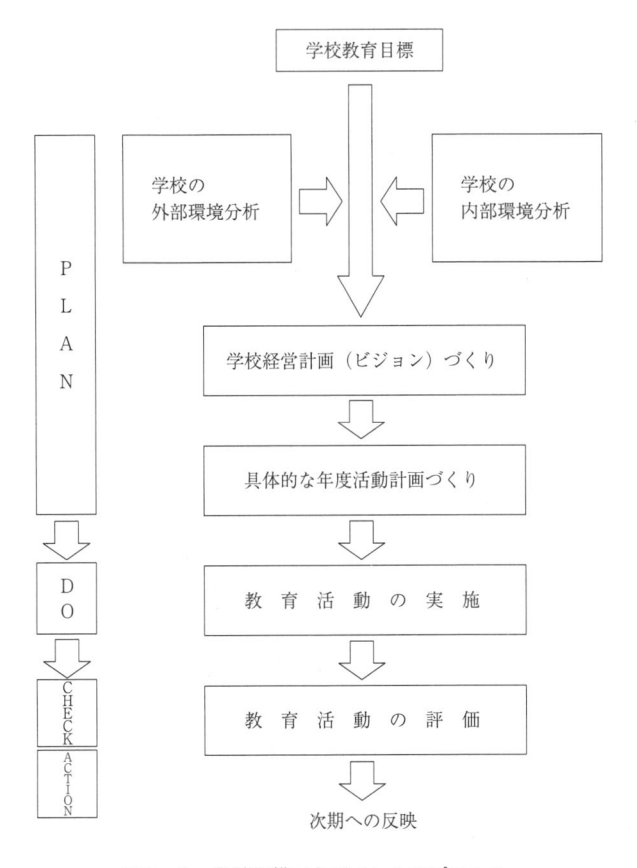

図9-1　学校組織マネジメントのプロセス
（出典：浅野良一「学校組織マネージメント」兵庫教育大学教職員大学院研究・連携推進センター　2011）

では、学校経営でいうところの管理者やその対象者は誰なのか。

学校経営の管理者は国立学校ならば、国（ただし、国立大学は独立行政法人、公立大学は公立大学法人が設置する場合が多い）、公立学校は地方公共団体、私立学校に関しては設置者が管理者となる。

要は国、地方公共団体、学校法人は管理、責任を負い、教職員はその任をもって学校を円滑に動かす役割を担うのである。

ここで間違ってほしくないのが、学校経営は管理職だけが行うのではないということである。また教職員はただ、児童・生徒の指導だけをやっていればよいのではない。

教職員一人ひとりが共通の思いの中、意思の形成を図ると共に、意識をもって学校経営に参画し、組織として機能する、あらゆる場面で個々の教員が力を合わせ、継続的に教育活動を推進、PDCAのマネジメントサイクルに従い、業務の処理、処置、改善のために一人ひとりが考え努力し、みんなで経営に参加することが大切である。

では次に経営の対象となるものは何か触れておく。学校組織を構成する要素には、人的・物的・財的の3要件がある。これを分類、整理すると、人的要件は教職員、児童・生徒、保護者、地域を含む学校関係者。物的要件は施設、設備、教材、教具、環境であり、財的要件は学校財政、児童・生徒からの徴収費用等となる。これらの要件が合わさった要素が学校経営の対象となる。

ではそれらを合わせ、学校経営の守備的範囲はどのようなものになるのか、以下の5つことが考えられる。

① 教育課程の編成

　　教育課程は教科学習における、教育活動の中心的計画で、学校経営の基準ともなる。

② 校務分掌の組織化

　　学校内外における教職員の教育活動を円滑化に向けられたあらゆる業務を校務といい、その校務を教職員の一人ひとりの適正をもって分掌化し、組織として各教職員が職務の遂行と責任をもって活動していかなくてはならない。

③　児童・生徒の管理、組織化

　義務教育は年齢における学年制をとっており属する学年が決まる。さらに、児童・生徒の数、学習内容、また配慮が必要な子どもたちに対しても指導体制を組織している。

　高等学校では、小・中で行っている、学年制に加え、単位制などの設置により従来の学年制とは異なる教育組織もある。また学科、コース、系や類などの組織体によっての指導体制をとることもある。

　学校の施設・設備の管理においては、児童・生徒・教職員の安全と健康を第一に考え、重視した教育環境の整備であった。また近年、教育効果の向上を図るため、心理的影響を及ぼす施設・設備の在り方、また学校開放、社会教育との連携、地域の人々の施設利用など、学社連携が叫ばれている中、色々な工夫を凝らした教育環境を作りだしている。

④　保護者、地域、関連諸機関との連携

　保護者は学校にとってもっとも身近な存在、関係者であり学校経営にとってなくてはならない、非常に重要な存在である。学校と保護者を結びつける組織として代表的なのがPTAであり、学校と共同し児童・生徒の育成に協力、支援している。

　また「開かれた学校」との観点から、平成12年「学校教育法施行規則」の改正より始まった学校評議員制度、学校の教育目標や教育計画、教育活動に対し評議員（教員、児童・生徒以外）より率直な意見表明が聞かれるようになった。これにより、外部者の学校に対する要望や意見を聞くことにより、よりニーズの高い学校経営がなされる。公立学校の場合、教育委員会も管理機関としてだけでなく、学校教育への支援、援助者としての役割も担っており、より強力な協力者である。

　その他にも、警察、消防、保健所などの公的機関、社会教育団体などの諸機関との連携は学校経営において重要な部分である。

　では、組織の「経営」「管理」という観点から、学校経営について考えてみることとする。

2．学年経営

(1) 学年という集団

　学年とは、児童・生徒の年齢に基づいて、構成された同一学年としての単位組織を「学年」と位置付け、最初の学年を第1学年とよぶ。また修業年限のうち、1年を意味する概念でもあった。学年は、学校と学級との狭間に位置する単位として、学年経営の観点から学級という束の集まりである。

(2) 学年経営の意義

　学年経営の意義が広く認識、重要視されるようになったのが、高度経済成長期、我が国のGNPが世界第2位なった1960年代頃からである。そこには社会的背景が教育界にも大きく影響していた。その理由に、都市化による学校規模拡大、また逆に過疎化における学校の統廃合にて学校規模の拡大化など、学内では実際は学年集団が軸となったことから学年経営が実質展開されていったこと、また、学校教育の現代化に伴って学級の問題を広く学年、学校全体の視野からとらえることが必要となってきたこと、保護者や地域からの学校への要求や要望が多様化、複雑化したため学級単位だけでは対処、対応できなくなったことが理由として挙げられる。

(3) 学年経営の基本

　学年には、学年主任が配置され、学年主任中心に学校教育目標を基に学年団の教員が話し合いその学年の課題を見つけ出し、その課題をもとに教職員間で共有化を図り、学年目標を設定する。学年の教職員は、その目標達成に向け、計画的かつ、組織的に教育活動をPDCAのマネジメントサイクルに基づき、業務改善、充実を行っていくことになる。

　教育活動は基本的には個々の教員の専門的自律性を尊重してなされるべきであるが、学習指導や生活指導はそれぞれの担任がそれぞれ個別に指導する場合が多く、その結果密室化、我流に流されやすい。それを防ぐためにも学年会議

などで課題や問題の共通理解、認識を深める必要がある。
　元々「学校」は公教育を担う社会的組織として教育の結果責任を負っており、学校教育目標の設定とその実現にむけたカリキュラムの編成・実施が重要となる。その場合、学年経営は教員個人や個別学級レベルでの諸課題と学校全体のそれとの調整を図る意味で重要である。

（4）学年経営の活動・展開
学年経営の活動について以下の活動項目がある。
① 学年目標の設定
　学校教育目標を基に学年団の教員が話し合い、その学年の課題を見つけ出し、その課題をもとに教職員間で共有化を図り、学年目標を設定する。
② 学級編成
　編制の際、考慮されている条件として生年月日、名字（五十音順）、生徒数、男女比、心身の発育度合、学業成績、性格・行動傾向、社会性、友人関係、通学区域、家庭環境などがあり、年度当初担任予定者が相談、検討の上、学級を編成する。
③ 学級経営方針の指示
　学年主任より担任に対し、学年目標を踏まえた学級経営案を立案。その指示、指導、援助を行う。
④ 学級相互の調整・情報交換
　学年主任主導の下、学級担任が一同に介し、学級における情報交換、相互間の調整その他諸問題を学年会議にて行う。
⑤ 教育課程の編成
　教務課と連携し、当該学年の教育課程の編成について調整、決定を行う。
⑥ 学習進度の調整
　教育課程にのっとって配当された教科の時間数など、各担任、また各指導教員間にて児童・生徒の学習理解、授業の進度について調整を行う。
⑦ 児童・生徒に対する生徒指導
　児童・生徒の学内外の生活状況を調査、安心、安全の場としての指導を

行う。また問題行動の予知・予見やそれに対しての対応も行う。
⑧　学年行事の計画・実施
　　当該学年の学事、行事について年間指導計画を企画・立案、円滑な実施を行う。
⑨　研究・研修活動
　　児童・生徒に対する教科指導や生徒指導における研修会、研究会、事例検討会など日々の教育活動に対する学習や活動の振り返りなどをもって検証を行い、研鑽を行う。
⑩　学年経営評価
　　学校関係者評価、自己評価、児童・生徒、保護者からのアンケート評価などから学年経営を検証、次へとつなげていく。
　以上の活動項目について、学年主任は学年の代表として、各課、教科間、学年間という縦列と学級という横列との関係について調整を行う。

3．学級経営

（1）学級という集団
　学級とは原則的には同一年齢の児童・生徒で構成、また同一の教育課程のもとで共同の学校生活、学習を営むための児童・生徒と担任教員からなる教育指導のために構成された組織集団である。
　教育を目的とした学級は、教員によって編制される継続的な集団で、児童・生徒、教員間のつながりを基に、人間関係組織を構築することを学級編成という。学級が、学校における、児童・生徒の生活基本単位となり、帰属意識を植え付ける準拠集団、また共通体験を得る学習集団として意義をもつ。

（2）学級編成
　小中学校の1学級あたり標準児童・生徒数は、2002年に制定された、「小学校設置基準並びに中学校設置基準」で40人以下と定められた。複式学級（学年ごとにクラスを編成するのでなく、複数学年で1クラスにする学級編制のこ

とであり、過疎地などで学校規模が小さい場合に多く行われる）や特別支援学級（小学校、中学校、高等学校および中等教育学校に、教育上特別な支援を必要とする児童および生徒のために置かれた学級）を含めた標準児童生徒数である。

基本的に1学級40名を超えた場合は学級を増設し、1学級の児童・生徒数は20名〜40名までの間で編成される（例41人の場合21人と20人の2学級を編成）。我が国の1学級あたりの平均児童・生徒数（公立学校2010年調査報告）は、小学校28.0人、中学校33.3人である。また、学校が編成できる学級数は、「12学級以上18学級以下を標準とする」と「学校教育法施行規則」17条で定められているが、実際のところ標準学級数の学校は全体の20%にしか過ぎないのも現実である。

学級編成には2通りの方法がある。異質編制方式と同質編制方式である。異質編制方式とは、小中学校で採用されている方式で、以下①〜⑪までの項目から見て様々な児童・生徒を組織化する方法である。

同質編制方式は以下①〜⑪の項目のどれかに共通する児童・生徒によって組織化するもので、学力別学級、学習進度別学級、または高等学校のように理系、文系とわかれるような進路別学級などが該当する。

児童・生徒を学級に編成する場合、基本的となるのが以下の項目である。
① 生年月日
② 名字（五十音順）
③ 生徒数
④ 男女の比
⑤ 心身の発育・発達の度合
⑥ 学業成績
⑦ 性格・行動傾向
⑧ 社会性
⑨ 友人関係
⑩ 通学区域
⑪ 家庭環境

このような項目に基づき児童・生徒を配置、継続的な集団に組織することを

学級編成とよぶ。

(3) 学級担任の配置

　小中高等学校の設置基準では1学級あたりの配置教員は1名以上と定められている。

　小学校では学級担任制にて、1人の担任が特定の学級に所属し、児童に対して、全教科を担当（一部専門的教科は他教員が担当することもある）する。

　中学校・高等学校では教科担任制が多く、学級担任が存在しないわけではないが、特定教科の担任がその教科に関して複数の学級の生徒に対して学習指導を行う。教科担任の一部は学級担任としての任も担うのである。

(4) 学級経営の展開

　学級担任は学級を構成するメンバーで学級経営の中心として、日々の学級における教育活動に対し学級を経営していく。

　小学校では、学級担任が全教科、道徳、特別活動、総合的学習の時間、生徒指導、教室の学習環境の整備、管理などの指導を行うことが基本である。

　中学校・高等学校では、教科担任制にて教科の学習指導はそれぞれの教科の教員が行い、学級担任はホームルーム活動を含む特別活動の指導、生徒指導、道徳指導（中学校）、生徒のすべて（行動・学習、成績など）の管理、教室の管理、学習環境の整備を行う。

　具体的に主な担任の業務を示すと以下の通りである。

① 　学校教育目標の実現を目指し、学年目標を基に、学級において育もうとする児童生徒像を明確に学級指導目標実現のための学級経営案をもって、具体的方策を立案する。

② 　学級指導目標の実現を目指し、学校の各種教育計画に従って、学級経営計画、更に担当教科、総合的な学習の時間、道徳及び特別活動の指導計画を立案する。

　　各種表簿、観察、関係者の話等を通じて、児童生徒の心身の特徴を把握し、望ましい人間関係の中で、児童生徒の健全育成や学校生活の充実が

図られるように心がける。
③　児童生徒一人ひとりの学力の特徴や傾向、得意教科や不得意教科、つまずきなどの実態を正確に調査、十分に理解をし、把握した上での適切な指導に努める。
④　教室の物的環境の整備と管理に努め、児童生徒が毎日の生活や学習活動で向上できるように学習環境、生活環境の両面から環境の整備を心がける。
⑤　学級を経営する上で必要な事務的な作業を行う。具体的には、児童・生徒の学習評価、各種表簿作成などの事務処理を行う。
⑥　学級経営に関する保護者の理解を促し、連携を深めるために、学級通信の発行や懇談会、家庭訪問などを行う。

このように、学級経営とは、学習指導や生活指導をはじめ、学級内の人間関係を築いたり、学級の物的環境の管理や整備を行ったりするなどの教育活動のことである。学級担任は、このような仕事を通して児童生徒の指導に当たる。

今日、子どもたちのまわりでは、人間関係にかかわる様々な諸問題が見受けられる。このことは、社会における地域、家庭における子どもたちの人間関係の希薄さや、社会体験の不足などから、人とのかかわる機会が少なくなってきていることが原因の一つとも言える。しかし、学校においても、子どもたちの人間関係の相互間の修復を図る指導にとどまっているのが現実である。

4．校務分掌

校務とは、学校における公的な業務（学校の運営・管理）物的管理、人的管理、教育活動の遂行、その任務を果たすための業務全般をいう。

かつて校務とは、学校における管理事務に重点をおくと解釈され、教員の職務には含まれないとの狭義的な解釈もあったが、今は学校の教育目標を達成すべくすべての業務と広義的に理解されるようになった。

その校務の内容を分類すると、以下の5つのカテゴリーとなる。
①　教育課程に基づく学習指導など教育活動に関するもの。
②　学校の施設設備や教材教具に関するもの。

③ 教職員の人事にかかわるもの。
④ 文書の作成処理や人事管理事務、会計事務など学校の内部事務に関するもの。
⑤ 教育委員会などの行政機関やPTA、社会教育団体などとの連絡調整に関するもの。

以上のように事務的な要素もあるが教育活動も含まれており校務を事務とだけみなすものではない。

次に分掌ということについて考えてみる。

分掌とは組織（職務や権限の分担を固定したお互いの関連）における職務や職責を整理、分配、割り当てる事であり、校務分掌は教育目標達成のため、学校内における運営上必要な業務分担である。また業務分担のために編成された組織系統を指すこともある。

このように、学校も組織であり、最高責任者である校長は校務掌理権を拠り所にして校務遂行の責任者として校務をつかさどり、所属職員を監督することが「学校教育法」28条の3で定められている。また、校長には一切の学校運営の権限が委ねられており、教職員に対し校務の分掌を命ずることができる。しかしながら、いくら校長や教職員が優れた能力をもっていても教育目標の達成は安易なことではなく、学校が組織である以上、教職員は、学校全体の運営にかかわっていかなければならない。そこで教職員は一人ひとりに均等に役割をもたせ校務を分担しながら協働によって処理を行っていくために編成されたものが校務分掌である。

校務分掌は、学校規模や教育目標及び生徒・児童、教職員などの実態に応じてつくられるなど独自性をもつ性格のもので各学校ごとに作られている。

校務分掌については一般的に図9-2に示したような組織図で示されている。

（1）校務分掌の組織編成について

図9-2で示した高等学校の一例であるが、機能別によって考えると、大きくは経営組織と教育組織に分けられる。経営組織は校務分掌組織と企画運営組

第9章　学校の経営組織　147

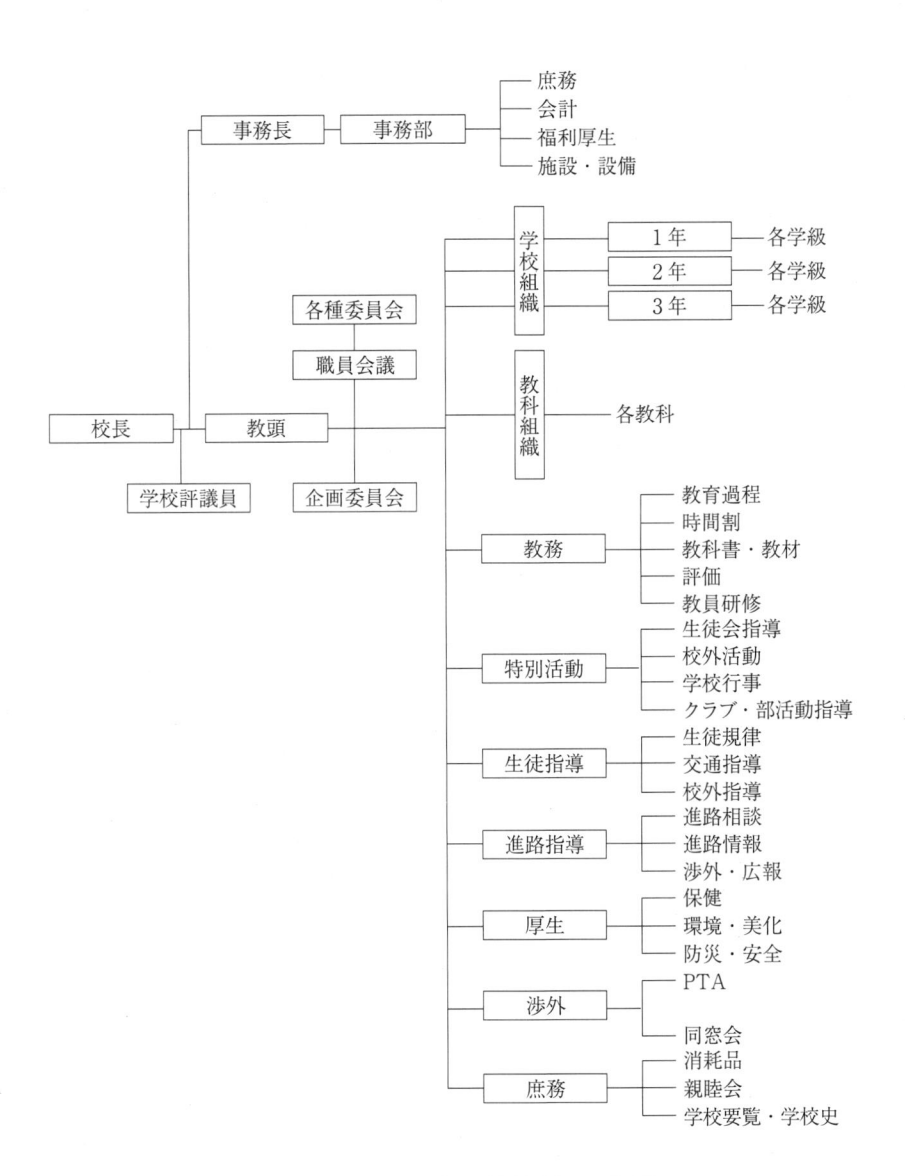

```
                    ┌─ 庶務
         ┌─ 事務長 ─ 事務部 ─┼─ 会計
         │                  ├─ 福利厚生
         │                  └─ 施設・設備
         │
         │                        ┌─ 1年 ─ 各学級
         │           ┌─ 学校組織 ─┼─ 2年 ─ 各学級
         │           │            └─ 3年 ─ 各学級
         │  ┌ 各種委員会
         │  ├ 職員会議 ─ 教科組織 ─ 各教科
校長 ─ 教頭 ┤
         │  └ 企画委員会          ┌─ 教育過程
         │                        ├─ 時間割
         │           ┌─ 教務 ────┼─ 教科書・教材
         │           │            ├─ 評価
    学校評議員       │            └─ 教員研修
                     │            ┌─ 生徒会指導
                     │            ├─ 校外活動
                     ├─ 特別活動 ─┼─ 学校行事
                     │            └─ クラブ・部活動指導
                     │            ┌─ 生徒規律
                     ├─ 生徒指導 ─┼─ 交通指導
                     │            └─ 校外指導
                     │            ┌─ 進路相談
                     ├─ 進路指導 ─┼─ 進路情報
                     │            └─ 渉外・広報
                     │            ┌─ 保健
                     ├─ 厚生 ────┼─ 環境・美化
                     │            └─ 防災・安全
                     │            ┌─ PTA
                     ├─ 渉外 ────┤
                     │            └─ 同窓会
                     │            ┌─ 消耗品
                     └─ 庶務 ────┼─ 親睦会
                                  └─ 学校要覧・学校史
```

図9-2　校務分掌組織図（高等学校、一般例）
（田原恭蔵・林勲編『教育概論』より引用）

織とに分けられる。校務分掌組織は教務関係に関することと事務・管理、経理に関するものに分けられる。企画運営組織は事務組織や教育組織を統轄することを目的とし組織の分担、調整などが主な業務となる。教育組織は、教員を組織する教育指導組織と学習指導組織とに分けられる。教育指導組織は、学年・学級という単位に分類と強化による分類が代表的なものである。学習指導組織は、教育指導組織と同様に学年・学級が通常ではあるが、時代と共に最近では無学年制や単位制などにより新しい学習指導組織の試みが広がっている。具体的におもな校務分掌の仕事について説明してみよう。

1）教務

児童・生徒の学籍・成績評価に関する事務処理、教育課程（カリキュラム）の検討、時間割の作成、定期考査の実施運営、教科書に関する事務処理、教員研修など。

2）生徒指導

児童・生徒の校内外の生活上の指導指針の作成、補導、問題児童・生徒の指導、校則などの検討、交通安全指導、拾得遺失物の管理など。

3）特別指導

生徒会（児童会）の運営指導、クラブ、部活動指導、学事行事の企画運営、校外活動の企画運営など。

4）進路指導

進学・就職活動の支援、進学・就職情報の収集と広報、針路に関する統計、事務処理、模擬試験・面接の指導など。

5）事務

施設・設備の管理、営繕、出納、給与管理、財産管理、契約など。事務に関しては行政職として事務室が行うのが通常である。

見てわかるように、校務分掌の狙いは、教育目標の達成にある。よって校務分掌の組織は教育目標と深い関係によって系統化、編成されている。編成においては、以下の内容が主として盛り込まれている。

① 校務の合理化と効率化。

② 業務内容の性質と量を加味した分担と適正化。

③ 教職員の経験や専門性、意思に基づいた適正な配置。
④ 役割と使命、責任の明確化。
⑤ 教職員の合意

この5点は教育目標達成の観点から校務を整理、系統化し基本的な業務から重点的な業務を整理し設定するものである。また学校現場にはいろいろな資質を有した教職員が集まる。その実態をよく把握した上で業務分担の適正化を図りながら教職員の性別、経験、特性、専門領域など考慮し適材適所を図るのである。

その際忘れてはならないのが、役割の重複や漏れなど、配置には配慮すると共に職務における責任をあらかじめ明確に提示する必要がある。役割と責任の明確化はトラブルを避けるためにも気をつけなくてはならない点である。

校務分掌の教職員への割り当ては本来、校長の職務上の権限に属するが、校務分掌は教職員の参加の合意の形成を得た民主的原則の下に組織化されることは、学校経営の円滑化にもつながる。実際には校長が各教職員から希望をとった上で最終決定を下している。

校務分掌は、教員一人ひとりが学校経営に参加でき、他の教員から指導や情報を得ることができ、資質向上の観点からも良き機会である。校務分掌は教育活動と同じくらい重要な仕事である。

5．PTAと地域社会

（1）PTAとは

学校経営の観点から学校教育目標の達成に向かい、学校教育を有効的にかつ円滑に推進するためには、教職員の力だけでは十分とはいえない。

学校に在籍する生徒には保護者がいる。その保護者の協力、理解なくして子どもたちを育てることは安易なことではない。この保護者の協力組織体が学校、地域、家庭の教育機能を高めるために学校毎に組織された社会教育団体である。

では現在のPTAがどのような経緯で誕生し現在があるのかをみてみよう。

(2) PTAの歴史

PTAはParent-Teacher-Associationの頭文字をとり略語としてPTAと呼んでいる。PTA組織は、アメリカにおいて1897年に子どもの健全な成長を願う、全国母親協議会として発足し、その後教師と父親の参加に伴い、1924年全国父母教師協議会に拡大した、母親、父親、教師で構成される連携組織である。日本では第二次世界大戦後、敗戦と共に、連合国軍最高司令官総司令部GHQ/SCAP（General Headquarters,the Supreme Commander for the Allied Powers）の「アメリカ教育使節団報告書」での提案で導入され、各学校ごとに組織された、保護者と教職員による教育関係団体である。しかしながら、PTA活動は自由意思ではなく、占領軍や文部省（現文部科学省）の強力な指導の下、発足した経緯もあり、強制や義務で奉仕活動などをさせられているという意識が強く、自主的、民主的な傾向も薄く、財政的な後援をする団体の役割を担ってきた。

PTAの日本語表現としては、当時の文部省（現文部科学省）によって「父母と先生の会」や「親と教師の会」「保護者と教職員の会」などともされた。今でもいわれている「育友会」もその当時に発足、つくられた呼び名である。法的には、任意の社会教育関係団体の位置付けにて各自が任意で入会する団体で、その主旨は保護者と教員が学びあうことで、その成果を児童・生徒に還元し、学習成果の還元場所は、学校、家庭、地域であり、同時に後に確立される、民主的な会としてPTA組織を運営するといった設計思想があり、民主主義思想を浸透させる手段としてアメリカが日本の教育に導入したものである。

PTAは、学校単位での活動が基本である。そして学区内のPTAごとに組織され、市区町村単位のPTA連合が組織され、都道府県のPTA連合（協議会とも称する）を形成する。また、小・中学校を対象とした全国組織の日本PTA全国協議会（通称、日P連）が設置されており、北海道、東北、東京、関東、東海・北陸、近畿、中国、四国、九州の9つのブロックに分かれて活動している。しかしすべてのPTAが日本PTA全国協議会に属しているわけではない。日本PTA全国協議会に属さず独立して活動している組織もあり、属さなくてもPTAを名乗れる点がアメリカのPTA組織との違いである。

また、高等学校のみを対象とした、社団法人全国高等学校PTA連合会（通称、高P連）も存在している。

以上から考え、PTAは父母と教員との協働学習を進め、地域社会における教育的環境整備と教育的連帯の強化を図ることが目的である。

6. 地域社会との関係

次に、地域社会の関わりの現状について考えたい。

近年において、地域の教育力が低下してしまっているという現状認識を踏まえて、学校と地域が連携すべく「地域と結びついた教育」の必要性が叫ばれている。では、「地域と結びついた教育」とはどういったものか、また何をすべきなのか。

地域社会的学校の考え方は、地域社会への適応力をつけさせるということだけではなく、地域社会の発展を展望しつつ、地域で起こるであろう諸問題を予測、または解決していくことができる自主的で自発的な創意工夫に富んだ創造力豊かな人間形成の中で、「生きる力」を育てる教育を目指さなくてはならない。

地域にある資源の活用として、社会教育施設、体育館や青少年自然の家、青年の家など、また、学社連携にて、地域社会の教育施設を活用、集団生活の中での規律や秩序、仲間作りなどで地域資源を活用する一方、学校の施設を地域の大人に積極的に解放、地域住民らが学ぶ機会を提供する事も考えていかなければならない。

また子どもの社会性の育成なども地域の力が重要である。地域社会において大人を含む異年齢の集団の中で縦の人間関係を学び、社会の秩序、規範、責任、協力などを体得することにより社会性を身につけさせるのである。

これからの学校において教員と保護者というものだけで子どもたちを育てていくのではなく学校と家庭を取り巻く地域社会という大きな空間にて学校と家庭の結びつきと子どもの自主的人間形成を促していくことである。

7．職員会議

　学校には各種校内組織が設置され、学校経営に大きな役割を担っている。職員会議もそのひとつである。職員会議は教職員の意思伝達を図るコミュニケーションの場、教職員が経営参加できる場、業務に関する連絡調整の場、教職員の研究・研修の場という機能をもつもので、教職員が一堂に会して行われる重要な会議組織である。

　しかし過去において、法律上で職員会議の目的や在り方については規定されていなかったため、その性格上、様々な見解が示されてきた。

① 議決機関説…ほとんどの事項を職員会議の議決で決定された。
② 部分的議決機関説…教育課程、進級、卒業判定、生徒処分など重要事項のみ職員会議の議決で決定された。

　以上２つの議決機関説は、憲法上の「学問の自由」を拠り所にし、大学教授会を準用するもので、理解する観点、教職員の職務として独立を保証する観点、また教育条理によるとする観点などに依拠するものである。しかし、「学校教育法」では、校務をつかさどる権限を与えられており、職務命令を発せられる校長の「責任と権限を法令の根拠なく制限することが許されないのは当然のこと」とあり、よって職員会議での意思決定が校長を拘束することは望ましくないことと解釈されている。

　したがって、行政解釈においては、

③ 補助機関説…校長の判断が適切に行われるために教職員の意見を聞き議決はしない。

との補助機関説をとっており地方教育委員会規則などでも職員会議を補助機関として位置づけている。

　平成10年の第16期中教審「地方教育行政」の答申では職員会議を校長が主宰するものとし、「校長の職務の円滑な執行に資するため教職員の意思疎通や共通認識、共通理解の促進、意見交換の場」とした。言い換えれば補助機関としての位置付けということである。

この答申を受けて、平成12年に行われた「学校教育施行規則」が改正され、職員会議は校長の主宰するものと明確になった。よって職員会議は設置者の定めるところにより設置され校長の円滑な職務の執行に資する機関として位置付けられた（「学校教育施行規則」第48条）。よって職員会議は校長が主宰するものにてその権限は一切校長に属するものとなる。ただここで職員会議が校長の補助機関になると、教職員の学校経営に参加する意識が薄れ、意見も出にくくなる。については、会議以前に各分掌、教科、学年など教職員の意見を聞き取っておく必要がある。その上で部長会や運営会議などで調整、原案を作成の上職員会議を運営すべきである。職員会議運営についても校内規定を基に協議事項なのか報告事項なのか、また連絡事項なのかも明確にし、事前に整理したうえで円滑に職員会議が運営できるように心掛けるべきである。

学習課題

（1）教員の経営参加の必要性が叫ばれていますが、経営参加とは具体的にどのようなことですか。
（2）職員会議の機能はどのようなものですか。
（3）校務分掌とは、そもそも何なのか、法令上の位置付けも併せて説明しなさい。

【参考文献】
浅野良一『学校組織マネジメント』兵庫教育大学教職員大学院研究・連携推進センター　2011
永岡順「学校経営計画」『現代学校教育大事典』ぎょうせい　2002
田原恭蔵・林勲『教育概論』法律文化社　2008
清水義弘『教育原理・教育実践の社会的基礎』光生館　1881
佐藤晴雄『現代教育概論』学陽書房　2011
杉山明男・金子照基編著『学校と学級の経営』第一法規出版　1984
吉本二郎・永岡順『校務分掌』現代学校教育全集18　ぎょうせい　1984
岡田正章・笠谷博之編『UNIVERSITY Text Book　教育原理・教職論』酒井書店・育英堂　2000
大浦猛編『教職課程教科書　教育原理』山文社　1998
永岡順『現代学校教育大事典』ぎょうせい　2002

事項索引

《ア 行》

- アカデメイア … 16
- 足利学校 … 31
- アテナイ … 14
- アメリカ教育使節団 … 5
- 意思決定能力 … 106
- 一般実践哲学 … 24
- 一般教育学 … 24
- 隠者の夕暮 … 23
- 芸亭 … 31
- 大内家壁書 … 31
- 落ちこぼれ … 43
- オックスフォード大学 … 19

《カ 行》

- 学事奨励に関する被仰出書 … 35
- 学習指導要領 … 7
- 学習方法論 … 20
- 学制 … 35, 47
- 学令 … 30
- 学齢簿 … 38
- 課題対応能力 … 108, 110
- 学級制 … 37
- 学校教育施行規則 … 153
- 学校教育法 … 5, 152
- 学校教育法28条の3 … 146
- 学校教育法施行規則 … 139, 143
- 学校と社会 … 26
- 花伝書 … 31
- 金沢文庫 … 31
- カルタゴ … 17
- 官学 … 32
- 観学院 … 30
- 咸宜園 … 33
- 関心・意欲・態度 … 73
- 寛政異学の禁 … 32
- 管理主事 … 52
- 気吹舎 … 33
- 基礎的・汎用的能力 … 108
- 義務教育費国庫負担法 … 56
- キャリア … 102, 103, 104
- キャリア発達 … 103
- キャリアプランニング能力 … 108, 109
- 教育 … 2
- 教育委員会制度 … 52
- 教育委員会法 … 48, 52
- 教育委員準公選制 … 60
- 教育課程の意義 … 64
- 教育課程の編成 … 66
- 教育基本法 … 5, 123
- 教育公務員特例法 … 123
- 教育公務員特例法第21条 … 123
- 教育公務員特例法第22条 … 124
- 教育公務員特例法第22条第3項 … 125
- 教育刷新委員会 … 5
- 教育職員免許法第3条 … 121
- 教育測定運動 … 39
- 教育長 … 52
- 教育勅語 … 3
- 教育的な信頼関係 … 128
- 教育に関する考察 … 22
- 教育ニ関スル勅語 … 38
- 教育評価 … 70
- 教育方法 … 69
- 教育令 … 3
- 教員免許の開放性 … 121
- 教化 … 3
- 教学聖詔 … 37
- 共感的な文化 … 129
- 教授 … 3
- 教職実践演習 … 122
- 行政委員会 … 53

事項索引　155

教理問答書 21
キリスト教君主教育論 20
近代教育学の祖 22
勤労観 105
愚痴神礼賛 20
国の予算 55
薫育 3
訓育 3
形成的評価 70, 131
護園塾 33
合科学習 40
郷学 33
向上目標 131
高等学校令 39
弘道館 33
高等専門学校 42
弘文館 30, 32
古義堂 33
国民学校令 40
御真影 38
国家 16
国家主義 37
子どもの家 25
コレージュ 21

《サ 行》

三十年戦争 21
自己理解・自己管理能力 108
自主研修 125
閑谷学校 33
実語教 34
指導改善研修 126
指導主事・社会教育主事 52
児童・生徒理解 80
児童の品性の洗練について 20
自由教育 39
宗教改革運動 21
10年経験者研修 125
シュタンツ便り 23

奨学院 30
松下村塾 33
小学校設置基準並びに中学校設置基準
　　 142
商売往来 34
昌平坂学問書 32
情報活用能力 106
将来設計能力 106
職業観 104
職業観・勤労観 113
殖産興業 35
職専免研修 124
初任者研修 123
芝蘭堂 33
新教育 39
信玄家法 31
診断的評価 70
新編教育学教科書 133
進路指導 105
スーパー 102
スパルタ 14
世界図絵 22
専門職業人 120
早雲寺殿廿一箇条 31
総括的評価 70
綜芸種智院 31
総合的人間的 132
造士館 33
ソフィスト 15

《タ 行》

大学院修学休業 125
大学令 39
大教授学 22
体験目標 131
大正デモクラシー運動 38
確かな学力 43
達成目標 131
地方教育行政の組織及び運営に関する法律

……………………………………… 52
地方交付税交付金……………… 58
中央教育審議会………………… 7, 51
中核目標………………………… 77
詰め込み教育…………………… 43
冷たい戦争……………………… 42
庭訓往来………………………… 34
適塾……………………………… 33
出口指導………………………… 106
デモシカ先生…………………… 121
寺子屋…………………………… 34
等級制…………………………… 32, 37
藤樹書院………………………… 33
同条第2項……………………… 124
同法第25条……………………… 126
同法第4条……………………… 121
陶冶……………………………… 6

《ナ 行》
鳴滝塾…………………………… 33
日新館…………………………… 32
日本国憲法……………………… 41
人間関係形成・社会形成能力… 108
人間関係形成能力……………… 106
人間の教育……………………… 25

《ハ 行》
パリ大学………………………… 19
藩学……………………………… 32
百姓往来………………………… 34
開かれた言語の扉……………… 22
富国強兵………………………… 35
文教及び科学振興費…………… 56

文芸復興………………………… 20
米国教育使節団………………… 41
平和の訴え……………………… 20
ペスタロッチの直観のABC… 24
偏差値偏重……………………… 43
ポエニ戦争……………………… 17
ポリス（都市国家）…………… 14
ボローニャ大学………………… 19
本時中心主義…………………… 68

《マ 行》
ミラノ勅令……………………… 18
民主主義と教育………………… 26
明倫館…………………………… 32
命令研修………………………… 124
免許更新制……………………… 127
免許更新制の導入……………… 126
文部科学省……………………… 48
文部省…………………………… 47
文部省設置法…………………… 48

《ヤ 行》
養賢堂…………………………… 33
幼稚園教育要領………………… 7
4領域8能力…………………… 106

《ラ 行》
ライフ・キャリアの虹………… 102
リベラル・アーツ（自由学芸）… 19
ルネサンス……………………… 20

《ワ 行》
和俗童子訓……………………… 33

人名索引

《ア 行》

アウグスティヌス······················ 18
アリストテレス························ 17
井上毅································ 38
イリアス······························ 14
上原貞夫······························ 47
エミール······························ 23
エラスムス···························· 20
オクタウィアヌス······················ 17
オデュセイア·························· 14

《カ 行》

カエサル······························ 17
キケロ································ 18
クインティリアヌス···················· 18
コメニウス···························· 22
ゴルギアス···························· 15
コンスタンティヌス１世················ 18

《サ 行》

ジャン＝ジャック・ルソー·············· 23
ジョン・デューイ······················ 26
ジョン・ロック························ 22
聖ベネディクトゥス···················· 19
ソーンダイク·························· 38
ソクラテス···························· 15

《タ 行》

ダランベール·························· 22
ディドロ······························ 22

《ハ 行》

ヒッピアス···························· 15
平原春好······························ 46
プラトン······························ 16
フレーベル···························· 25
プロタゴラス·························· 15
ペスタロッチ·························· 23
ヘルバルト···························· 24
ホメロス······························ 14

《マ 行》

マルティン・ルター···················· 21
マルティン・ルター···················· 21
宗像誠也······························ 46
孟子·································· 3
元田永孚······························ 38
森有礼································ 37
モンテスキュー························ 22
モンテッソーリ························ 25

《ヤ 行》

ユスチニアヌス························ 16

[著者略歴]

●中田　正浩（なかだ　まさひろ）
　（まえがき・第1章・第2章・第4章）
兵庫教育大学大学院学校教育研究科教科領域教育専攻修士課程修了
教育学修士
現職：環太平洋大学次世代教育学部教育経営学科教授・学部長
主著：『教育現場に求められるこころと品格』（単著）大学教育出版、2008
　　　『教職論【第2版】教員を志すすべてのひとに』（共著）ミネルヴァ書房　2009
　　　『次世代の教職入門』（編著）大学教育出版　2011
　　　『教育フォーラム50〈やる気〉を引き出す・〈やる気〉を育てる』金子書房　2012

●松田　智子（まつだ　ともこ）
　（第3章・第8章）
大阪教育大学大学院実践教育学専攻修了
教育学修士
現職：環太平洋大学次世代教育学部教育経営教授・教育経営学科長
主著：『教育フォーラム47─〈こころ〉を育てる』金子書房　2011
　　　『教育フォーラム46─〈言葉の力〉を育てる』金子書房　2010
　　　『言語力を育てる授業づくり（生活科）』図書文化　2009

●中田　浩司（なかだ　ひろし）
　（第2章）
京都大学大学院人間・環境学研究科博士課程在学中
人間・環境学修士
主著：「コンディヤック「人間認識起源論」におけるimaginationについて」『関西フランス語フランス文学』第18号　2012

●鎌田首治朗（かまた　しゅうじろう）
　（第5章）
兵庫教育大学大学院修士課程修了
教育学修士
現職：環太平洋大学次世代教育学部国際教育学科教授
主著：『真の読解力を育てる授業』図書文化社　2009
　　　「国語科の授業づくりと評価の実際」（共著）梶田叡一・加藤明編著『実践教育評価事典』文溪堂　2004
　　　「小学校国語科・読むことの目標分析試案」『教育実践学研究』第9巻第1号　2007

著者略歴

●住本　克彦（すみもと　かつひこ）
（第6章）
兵庫教育大学大学院学校教育研究科修士課程生徒指導コース修了
学校教育学修士
現職：環太平洋大学次世代教育学部教育経営学科教授
主著：國分康孝・國分久子監修『エンカウンターで不登校対応が変わる』（編著）図書文化社　2010
　　　上地安昭編著『教師カウンセラー・実践ハンドブック』（共著）金子書房　2010
　　　國分康孝監修『カウンセリング心理学事典』（共著）誠信書房　2008

●岡野　聡子（おかの　さとこ）
（第7章）
大阪市立大学大学院創造都市研究科修了
都市政策学修士
現職：環太平洋大学次世代教育学部こども発達学科講師
主著：岡野聡子・吉村啓子「学生の進路決定を支援する―実習・就職支援室の活動報告―」『全国保育士養成協議会第49回研究大会研究発表論文集』2010.9　p.176-177
　　　岡野聡子・杉田郁代「環太平洋大学におけるキャリア支援体制の確立に向けて（Ⅰ）」『環太平洋大学研究紀要』第5号　2012.3　p.61-68
　　　吉村啓子・岡野聡子「保育士養成校における就職活動の特徴と課題―就職支援の実践から見えるもの―」『京都光華女子大学短期大学部研究紀要』第49集　2011.12　p.1-6

●久田　孝（ひさだ　たかし）
（第9章）
大阪体育大学体育学部体育学科卒
体育学学士
現職：環太平洋大学体育学部体育学科講師、元創志学園高等学校副校長
主著：『教育フォーラム50―〈やる気〉を引き出す・育てる』金子書房　2012

■編著者略歴

中田　正浩（なかだ　まさひろ）
兵庫教育大学大学院学校教育研究科教科領域教育専攻修士課程修了
1967年4月　堺市立公立中学校教諭
1988年4月　堺市教育委員会学校指導課指導主事
1992年4月　大阪府教育委員会泉北教育事務所指導課指導主事
1996年4月　堺市立公立小・中学校校長
現　　職　環太平洋大学次世代教育学部教育経営学科教授・
　　　　　学部長
専　　攻　教育学・学校教育学

主著
『教育現場に求められるこころと品格』（単著）大学教育出版、2008
『教職論【第2版】教員を志すすべてのひとに』（共著）ミネルヴァ書房　2009
『次世代の教職入門』（編著）大学教育出版　2011
『教育フォーラム50〈やる気〉を引き出す・〈やる気〉を育てる』金子書房　2012

松田　智子（まつだ　ともこ）
大阪教育大学大学院実践教育学専攻修了
教育学修士
現　　職　環太平洋大学次世代教育学部教育経営教授・教育経営
　　　　　学科長

主著
『教育フォーラム47 ―〈こころ〉を育てる』金子書房　2011
『教育フォーラム46 ―〈言葉の力〉を育てる』金子書房　2010
『言語力を育てる授業づくり（生活科）』図書文化　2009

次世代の教育原理

2012年10月30日　初版第1刷発行

■編　著　者── 中田正浩・松田智子
■発　行　者── 佐藤　守
■発　行　所── 株式会社　大学教育出版
　　　　　　　〒700-0953　岡山市南区西市855-4
　　　　　　　電話 (086) 244-1268(代)　FAX (086) 246-0294
■印刷製本── サンコー印刷(株)

© Masahiro Nakada & Tomoko Matsuda 2012, Printed in Japan
検印省略　落丁・乱丁本はお取り替えいたします。
無断で本書の一部または全部を複写・複製することは禁じられています。

ISBN978-4-86429-178-1